______________ 님의 소중한 미래를 위해

이 책을 드립니다.

때로는 떨려도 괜찮아

때로는 떨려도 괜찮아

심리학, 떨림증을 부탁해

박대령 지음

메이트북스

메이트북스 우리는 책이 독자를 위한 것임을 잊지 않는다.
우리는 독자의 꿈을 사랑하고,
그 꿈이 실현될 수 있는 도구를 세상에 내놓는다.

때로는 떨려도 괜찮아

초판 1쇄 발행 2020년 1월 10일 | **초판 2쇄 발행** 2023년 5월 20일 | **지은이** 박대령
펴낸곳 ㈜원앤원콘텐츠그룹 | **펴낸이** 강현규·정영훈
책임편집 안정연 | **편집** 박은지·남수정 | **디자인** 최선희
마케팅 김형진·이선미·정재훈 | **경영지원** 최향숙
책등록번호 제301-2006-001호 | **등록일자** 2013년 5월 24일
주소 04607 서울시 중구 다산로 139 랜더스빌딩 5층 | **전화** (02)2234-7117
팩스 (02)2234-1086 | **홈페이지** www.matebooks.co.kr | **이메일** khg0109@hanmail.net
값 15,000원 | ISBN 979-11-6002-269-8 03180

이 도서의 국립중앙도서관 출판시도서목록(CIP)은 e-CIP홈페이지(http://www.nl.go.kr/ecip)에서 이용하실 수 있습니다.(CIP제어번호 : CIP2019053345)

변화는 당신이 아닌 무언가가 되려고 할 때 일어나지 않는다.
오히려 있는 그대로의 자신으로 충분히 있을 때 변화가 일어난다.

· 아놀드 바이써(의학박사) ·

남들 앞에 나서기가 힘든 이들을 위한 책

나는 아주 어렸을 적부터 부끄럼쟁이였다. 학교 수업시간에는 양처럼 떨리는 목소리로 교과서를 읽었고, 등하굣길에는 걸음걸이가 괜찮은지 신경썼다. 나는 남들 앞에서 쉽게 얼굴이 빨개지는 아이였다.

그런데도 자꾸만 남들 앞에 나섰다. 뭔지 모를 두려움에 심장이 터질 것 같았지만, 일단 저질러보자는 심정으로 무언가를 시도했다. 학교에서는 학급 임원이나 동아리 회장을 맡기도 했고, 여러 단체에서 노래를 하거나 연극을 했다.

포기하지 않고 계속 도전했지만 떠는 것은 좀처럼 나아지지 않았다. 그러다 대학교 4학년 때 문득 이런 생각이 들었다. '그저 바보 같이 보이면 어떨까? 그게 남들을 편안하게 해주니까 더 훌륭한 것 아닐까? 코미디언처럼!'

이후 마음을 바꾸니 놀라운 일들이 일어났다. 노래를 잘 부르려고 할 때는 잘 올라가지 않던 목소리가 마음을 편히 먹으니 오히려 더 쉽게 나오기 시작했다. 억지로 웃기려고 할 때는 썰렁하다는 구박을 받았는데, 꾸밈없이 솔직하게 말하고 글을 쓰니 좋은 반응이 나타나기 시작했다.

대학원에서는 떨림증에서 벗어날 수 있는 이론을 배우고 실마리가 되는 경험을 한 시기였다. 게슈탈트 심리치료를 공부하면서 있는 그대로의 나를 사랑하고, 다른 사람들과 마음을 나누면서 떨림증에서 벗어나는 법을 알게 되었다.

숨겨왔던 떨림을 고백하고 마음속 두려움을 주변 사람들에게 솔직하게 말하니 그들도 마음을 열고 자신의 아픔을 보여주었다. 결국 우리는 친한 친구가 될 수 있었다. 관계가 편해지니 두려움이 줄어들어 말과 행동은 더 편해졌고, 이전에는 긴장해서 눌려 있던 열정들이 점점 솟아나기 시작했다.

떨림증을 주제로 논문을 쓰면서 나와 비슷한 사람들을 만나고 싶다는 생각이 들었다. 그래서 2007년에 다음(Daum) 카페에 '이미 아름다운 당신'이라는 사회불안 치유모임을 만들었다. 이 모임은 내게 기적을 가져다주었다.

생각보다 정말 많은 사람들이 모였고, 모두가 자신과 비슷한 사람이 많다는 사실에 놀랐고 전율했다. 서로의 사정을 잘 아니 모임에서만큼은 덜 떨렸고 소외감에서 벗어났다. 사람이 무서워서 다른 곳에서는 하지 못했던 말이나 행동을 이 모임에서는 해볼 수 있었다.

처음에는 온라인 게시판 활동만 했다. 그러다가 정모에 참석해서 3분 스피치를 하고, 함께 밥을 먹기도 했다(떨림증이 있는 사람들에게는 식사 자리가 매우 불편할 수 있다). 그렇게 조금씩 사람들과 친해지고 편해지면서 수많은 활동을 함께했다.

대화 및 발표 모임, 침묵 모임, 독서 모임, 영화 모임, 집밥 모임 등 많은 모임들이 만들어졌다. 더 나아가 전문가를 초청해서 연기를 배우고, 연극 공연을 무대에 올리기도 했다. 마음 치유에 도움이 되는 것이라면 무엇이든 제안하고 함께 도전했다.

이 과정에서 우리는 서로 질문하고 토론하며 각자가 얻은 깨달음과 노하우들을 나누었다. 각자가 현실 상황에 적용하면서 어떤 방법은 잘못되었고 어떤 것은 효과가 있는지, 직접 몸으로 부딪히고 땀 흘려 깨우친 것들을 공유했다.

내가 모임을 주도하기는 했지만 모두가 서로의 선생님이자 든든한 동지였다. 이 모임이 아니었다면 이 책도 나오지 않았을 것이다. '이미 아름다운 당신' 카페 회원 모두에게 깊은 감사의 마음을 전한다.

카페 활동을 통해 떨림증이 나아졌고, 그로 인해 이전보다 삶이 더 즐겁고 풍요로워졌다. 여기서 얻은 경험을 떨림증으로 고생하는 분들과 나누고자 한다. 이 책은 심리학적 지식뿐만 아니라, 떨림증이 있는 사람들이 아파하고 고뇌하고 헤매면서 부르튼 발로 찾아낸 생생한 경험들도 담겨 있다.

떨림증이라는 마음속 중심에 있는 섬으로 항해하는 독자들에게 이 책이 든든한 친구가 되기를 소망한다. 마치 여행 가이드북처럼 말이다. 이 여정을 통해 떨림증만 나아지는 것이 아니라, '당신은 참 멋지고 괜찮은 존재'라는 것을 알게 되기를 바란다.

여기에 나온 사례들은 내담자 동의를 얻은 후 성별과 실명은 다르게 바꾸었음을 밝혀둔다.

이 책이 나올 수 있기까지 정말 많은 분들의 도움이 있었다. 사랑하는 아버지, 어머니, 이 두 분의 사랑으로 세상이 두렵고 무서워도 나갈 힘을 얻었다. 게슈탈트 심리상담을 가르쳐주신 김정규 선생님, 이순일 선생님, 이영이 선생님은 '증상'이 아닌 사람의 마음을 볼 수 있게 도와주신, 밤하늘에 별과 같은 분들이었다.

학교를 떠나 세상에 나왔을 때 새로운 선생님이자 내 가장 큰 후원자는 다음 카페 사회불안 자조모임 '이미 아름다운 당신' 회원들과 이들의 지지모임 '얼로너 서포터즈' 부모님들이었다. 서로 온몸으로 경험한 고통과 도움이 되었던 지혜를 나누며 함께 성장했다.

인터뷰에 기꺼이 응해주신 배우 손병호 선생님, 시인 조병준 선생님, 음악감독 구소영 선생님께도 어떻게 감사를 표해야 할지 모르겠다. 모두 많이 바쁘신 중에도 흔쾌히 응해주시고 도움되는 말씀들을 많이 해주셔서 내 삶에 큰 울림을 주셨다.

이외에도 고마운 분들이 무척 많다. 심리상담사 단톡방에서 변상우 선생님을 비롯한 많은 분들이 의견과 도움을 주셨다. 이분들의 관심과 애정 어린 말들이 아니었다면 어찌 오늘의 내가 있었을까?

독자 여러분들께도 참으로 고마운 마음이다. 수많은 저자들 속에서 나를 발견해주고, 내 이야기에 귀를 기울여주는 것이 얼마나 감사한 일인지 모르겠다. 여러분들이 늘 평안하고 건강하시길 진심으로 바란다.

박대령

용어 해설

떨림증

몸이 아픈 것이 아니고, 심리적인 이유로 남들 앞에 설 때 심하게 떠는 증상이다. '울렁증'이라는 말을 쓰는 사람들도 있다. 일본의 방송인인 아소 켄타로가 『굿바이 떨림증』이란 책에서 사용했다.

사회공포증(Social phobia) **또는 사회불안장애**(Social anxiety disorder)

정신의학계에서 사용하는 공식 진단명이다. 사회적인 상황에 대해 현저하고 지속적인 공포가 있어 두려워하는 상황이나 일을 회피하며, 이로 인해 일상생활이나 직업적 기능, 사회적 활동에 현저한 문제가 생길 때 진단된다.

대인공포증

정신과 의사 이시형 박사의 책과 강연으로 대중들에게 많이 알려진 용어이다. 일본에서 최초로 쓰이기 시작했다. 서구의 사회공포증과는 다른 양상을 보이는 한국과 일본의 사회공포증을 표현한 말이다. 외국 학술지에는 대인공포증이 한국과 일본의 문화적 증후군이라고 소개된 바 있다.

회피성 성격장애(인격장애)

미국 정신의학회에서 발간한 『정신장애 진단 및 통계 편람』에 나와 있는 용어이다. 친밀한 관계를 원하지만, 거절에 매우 예민해서 사회적 활동을 회피하는 특징이 있다. 학자들 사이에서 이것은 장애가 아니기에 진단명에서 빼야 한다는 반론이 많았던 용어다.

대인기피증

공식적인 병명이 아닌 사람들이 흔히 쓰는 말이다. 사람을 무서워하거나 싫어하게 되면서 누군가를 만나는 자리를 피하게 되고 혼자 있게 되는데, 많은 이들이 이를 흔히 '대인기피' 또는 '대인기피증'이라고 부른다.

은둔형 외톨이(히키코모리)

세상이 두렵거나 싫어서 집밖에 거의 나가지 않고 자신의 방에서 지내는 이들을 말한다. 일본에서 유입된 말로, 사회구조적 문제를 감추고 개인의 문제로 인정하는 느낌을 주기 때문에, 국내에서는 '무중력 청년' '사회적 외톨이' '사회적 고립 청년' 등 대안적인 용어를 제안하는 전문가들도 있다.

※ 주의사항

정신의학계에서 사용되는 위의 용어들을 남용하면 심각하지 않은 것도 심각해지고, 심각한 것은 더 심각해진다. 사람을 이상하게 만들지 않는 용어가 무엇일지 고민하다가 '떨림증'이 가장 적합하다고 여겨 이 책에서는 '떨림증'이란 용어를 사용했다.

차 례

2장 — 왜 남들 앞에 서면 떨리는 걸까?

3장 — 떨림증 모임에서 만난 친구들의 이야기

4장 — 떨림증을 이기는 심리학

떨림증은 병일까, 아니면 그저 인간적인 모습일까? 떨림증은 유전되는 것일까, 아니면 후천적 학습에 의해 형성되는 것일까? 떨림증을 이해하는 데 필요한 내용들을 담았다.

1장

떨림증을 소개합니다

천 개의 떨림증과 하나의 뿌리

수많은 떨림증이 있지만 그 뿌리는 같다. '사람들이 내 모습을 어떻게 볼까' 라고 걱정하면서 몸이 긴장한다. 그 결과 다양한 신체 증상이 뒤따른다.

"자기소개를 할 때 발작하듯이 떨려요."

"대인관계 속에서 항상 남을 의식하고 행동해요."

"단순한 질문에 대답을 할 때도 얼굴이 잘 달아올라요."

"사람들의 눈을 보고 이야기해야 한다는 압박감에 눈동자가 마구 흔들려요."

"남들 앞에서는 손이 떨려서 글씨를 못 쓰겠어요."

"공중화장실에서 뒤에 누가 있으면 소변을 못 보겠어요."

"조용한 공간에 있으면 남한테 피해줄까봐 침을 삼키는 것조차 어려워요."

이는 상담소에 찾아온 사람들이 한 말을 모은 것이다. 이처럼 실로 다양한 떨림증이 있다.

가장 흔한 것은 시선공포

떨림증 중에서도 가장 흔한 것은 시선공포다. 시선공포는 다시 정시공포, 횡시공포, 색시(色視)공포로 나눌 수 있다. 정시공포가 있는 사람은 눈을 마주치기를 어려워한다. 횡시공포가 있는 사람은 눈을 마주치는 것이 두려워서 곁눈질을 하는데, 그 곁눈질을 들킬까봐 두려워한다. 색시공포가 있는 사람은 상대의 성적인 부분을 안 보려고 하지만 그럴수록 더 그곳을 보게 되고, 혹시 사람들이 자신이 그렇게 보는 것을 알까봐 두려워한다.

긴장할 때 목소리를 떠는 사람들도 많다. 이를 대수롭지 않게 여기는 사람들도 있지만, 이를 몹시 수치스럽게 느끼는 사람들도 있다. 말하면 떨리기 때문에 아예 말을 하지 않거나 말을 빨리 끝내려고 말하는 속도를 빠르게 한다.

표정 공포가 있는 사람들은 얼굴 표정이 다른 사람에게 어떻게 보일지를 걱정한다. 얼굴 빨개짐 공포가 흔하다. 얼굴이 빨개지면 소심한 사람으로 보일까봐 걱정하고, 마주하는 상대를 좋아하지 않는데도 좋아한다고 오해받을까봐 두려워한다.

손 떨림 공포도 있다. 휴대폰 매장에서 서류에 글씨를 쓰는 게 두려워서 신제품 구입을 최대한 미루는 사람도 있고, 주사를 놓을 때 손이 떨려서 괴로워하는 간호사들도 있다. 회식자리에서 젓가락질을 하거나 술잔을 들 때, 손이 떨려서 회사를 그만두고 싶다는 직장인들도 있다.

이외에도 땀 흘림 공포, 소변 공포, 걸음걸이 공포가 있다. 땀 흘림 공포는 긴장했을 때 진땀 흘리는 것을 수치스러워하는 것이고, 소변 공포는 남성이 공중화장실에서 소변 볼 때 뒷사람을 의식해서 소변이 잘 나오지 않는 것이다. 걸음걸이 공포는 걷는 모습을 이상하다고 생각해서 걷기가 두려운 것이다.

이보다 드물지만 어떤 이들은 독서실과 같은 조용한 공간에서 침 삼키는 소리처럼 자신이 내는 소리가 다른 이들을 불쾌하게 만들까봐 두려워한다. 자기냄새 공포는 자신의 몸에서 안 좋은 냄새가 날까봐 두려워하는 것이다. 한편 장에서 나는 '꾸르륵' 소리를 남들이 들을까봐 두려워하거나 방귀가 나올까봐 극도의 공포를 느끼는 이들도 있다.

떨림증의 상황별 분류

상황별로 분류하면 일대일 상황에서 두려워하는 경우, 소규모 그룹에서 두려워하는 경우, 무대공포증처럼 다수의 청중 앞에서 두려워하는 경우로 나눌 수 있다.

이 중 가장 흔한 것은 무대공포증이다. 여러 사람이 모인 자리에서 발표를 하거나 자기소개를 하는 상황에서 떨지 않는 사람은 드물다. 나는 수년 전에 강사모임에 나간 적이 있다. 대다수가 유명한 베테랑 강사들이었지만, 첫인사에서 심장이 터질 것 같다고 고백하는 사람들이 생각보다 많아서 신기했다.

무대에서는 자유롭지만 일대일 대화나 소규모 모임에서 심하게 긴장하는 이들도 많다. 이들은 계획된 멘트를 하는 것은 어렵지 않지만, 통제되지 않은 상황에서는 무슨 말을 하고 어떻게 행동해야 할지 모르기 때문에 두렵다고 한다.

또 어떤 이들은 처음 만나거나 거리를 둔 관계에서는 편히 말하지만, 시간이 지나서 좀더 사적이고 친밀한 관계를 맺는 일을 어려워한다. 그들은 피상적이고 주변적인 이야기는 하기 쉽지만, 속마음을 나누는 것은 두렵다고 말한다.

이렇게 다양한 떨림증이 있다. 여기에 나열하지 않은 떨림증도 있을 것이다. 수많은 떨림증이 있고 저마다 나타나는 모습은 다르지만, 사실 그 뿌리는 같다. 그것은 바로 '사람들이 내 모습을 어떻게 볼까'를 걱정하면서 몸이 긴장하고, 그 결과 다양한 신체 증상이 뒤따른다는 것이다.

모태 떨림증과 후천성 떨림증?

떨림증을 잘 살펴보면 떨림증이 생긴 이유를 찾을 수 있을 것이다. 이 원인들은 하나 혹은 여러 가지가 겹칠 수 있다.

"선생님, 떨림증은 유전되는 것 아닌가요? 뇌에 문제가 있는 것 같아요."

상담소에 오자마자 이런 질문을 던지는 사람들이 종종 있다. 문제를 찾기 위해서 의문이 시작된 것이다. 좋은 의문이다. 그리고 문제를 해결하기 위해서는 가장 먼저 자신에게 물어봐야 할 질문이기도 하다. 나는 이 질문에 대한 답을 얻기 위해 "언제부터 그러셨어요?"라고 묻는다. 갑자기 감염된 병이 아닌 어떤 맥락과 배경이 있어서 나타난 모습이기 때문이다.

떨림증이 나타나는 다양한 시점

떨림증은 10대 초반에서 30대 초반에 많이 나타난다. 떨림증은 진학이나 전학, 입사 초반처럼 낯선 상황에서 새로운 관계를 맺어야 할 때 쉽게 나타난다. 아는 사람이 적을수록, 환경이 경쟁적이고 냉혹한 상황일수록 더욱 그렇다.

고등학교까지는 경쟁이 치열한 특목고, 자사고, 예고 등에서 떨림증이 더 나타나기 쉽다. 대학 입학 후에는 초기 적응 실패로 많이 나타난다. 취업 면접 때 나타나는 떨림증은 너무나도 당연하고, 입사 초기에도 쉽게 나타난다.

군대나 병원처럼 권위적이거나 실수에 가혹한 조직일수록 더 흔하다. 한편 30대를 지나 40대에 떨림증이 생기기도 한다. 이들은 직장 인간관계에서 받은 상처 때문에 또는 승진이나 실적에 대한 부담감 때문에 떨기 시작한다.

떨림증이 나타나는 다양한 이유

멀쩡하게 잘 지내다가 어느 날 갑자기 폭력, 조롱, 비웃음, 따돌림, 무시, 방임처럼 마음에 큰 상처로 남는 일을 겪는 이들이 많다. 고통이 컸던 만큼 이를 다시 겪고 싶지 않기에 자율신경계가 각성되면서 외부의 위험이나 유사단서에 민감해진다. '자라 보고 놀란 가슴 솥뚜껑 보고 놀란다'는 식이다.

경쟁적·차별적·방임적인 상황에서는 타인이 두려워지고 평가에 더 민감해지기 쉽다. 잘못 보일까봐 두렵거나 잘 보여야 할 필요가 있기 때문이다.

어떤 이유에서든 이전에는 그렇지 않다가 갑자기 떨기 시작하면 대부분의 사람들은 몹시 당황한다. 이전과 다른 모습에 큰 상실감을 느끼기도 하고, 남들과 다르고 비정상이라고 생각하면서 달라진 자신을 받아들이기 힘들어한다. 사실 알고 보면 우리의 뇌는 변화된 환경 속에서 잘 적응하기 위해 신경계가 방어활동을 하는 것이지만, 이를 적절하게 해석하지 못해서 수치심에 빠져드는 것이다.

어느 날 갑자기 떨림증이 생겼던 이들과 달리, 어떤 특별한 사건이나 계기가 기억나지 않는다고 보고하는 이들도 많다. 언제부터 떨었는지 잘 기억나지 않고, 크게 떨지는 않았더라도 아주 어렸을 적부터 위축되어 있었다고 보고한다.

분명한 원인을 찾기 어렵더라도 여러 이유가 있다. 엄마 뱃속에 있었을 때 어머니의 신체적·심리적 상태, 어렸을 때의 분리불안, 자녀를 의존적으로 키우는 부모의 양육태도, 가정에서의 정서와 욕구 억압, 또래에 비해 좀더 발달한 자의식이나 민감성, 비염과 과민성 대장증후군과 같은 신체 상태 등 그 원인은 다양하다. 이 원인들은 하나 혹은 여러 가지가 겹칠 수 있다.

어떤 이들은 자신의 부모가 떨림증이 있어서 유전되었다고 생각하기도 한다. 다른 정신과 증상과 마찬가지로, 떨림증이 유전된다거나 생물학적인 결함에서 발생된다는 주장은 아직까지 과학적으로 명확하게 밝혀지진 않았다.

어떤 학자들은 유전보다 학습된 것이라고 주장한다. 부모가 타인을 더 많이 경계하거나 남의 시선을 의식하는 경우에 아이는 그 생각이나 행동을 배우기 쉽다. 또한 부모가 적절한 행동이나 말을 하지 못한다면, 아이는 사회생활에 필요한 것을 배우기가 어렵다.

규리 씨는 집안 식구들과 하루 종일 말 한마디조차 안 하고 지낼 때가 많았다고 했다. 그래서 초기 언어발달 과정에서 의사소통 능력을 키울 수가 없었다. 결국 친구들과 무슨 말을 해야 할지 모르니까 사람을 만나는 일이 두려웠다고 했다.

아이의 생각, 감정, 욕구를 무시하는 부모들도 있다. 그들은 아이가 무슨 말을 하면 "그건 틀렸어"라고 지적을 하거나, 아이가 불만스러운 표정을 짓거나 울면 혼을 낸다. 생각이든 감정이든 욕구든 과도하게 지적하고 억누를 때, 아이는 자신의 행동이나 말에 자신감을 가지기가 어렵다.

사회공포증? 대인공포증? 회피성 성격장애?

타인에게 약하게 보이지 않으려고 떨리는 것을 감추려는 마음은 당연하다. 다만 떠는 자신을 외부의 부당한 평가에서 스스로 지켜야 한다.

정신의학에서는 '사회공포증(사회불안장애)'과 '회피성 성격장애'라는 용어를 공식적으로 사용한다. 나는 가급적 이 용어를 쓰지 않으려고 노력한다. 이 용어가 사람들에게 미치는 해악이 크기 때문이다.

그러므로 정신의학계에서 사용되는 이 용어와 진단기준이 절대적인 것이 아님을 밝혀둔다. 주류가 사용한다고 해서 그것이 옳은 것은 아닐 수 있다. 이 용어가 기술된 『정신의학진단 및 통계 편람』에서도 이것이 질적인 차원의 평가가 아닌 양적인 평가라는 것을 밝혀두었다.

감기라면 그 '원인'이 되는 바이러스에 따라 A형 독감과 B형 독감으로 분류한다. 그런데 정신과 증상은 열 감기나 기침 감기처럼, 나타나는 '현상'으로 구분한다. 때문에 이런 증상을 가지고 있다고 해서 마치 어떤 장애가 있는 것처럼 생각하면 절대 안 된다.

회피성 성격장애를 둘러싼 논란

'대인공포증'이란 말은 공식적인 진단명이 아니다. 일본 사람들이 쓰기 시작해서 이시형 박사가 한국에 소개한 이후로 널리 퍼졌다. 외국 학술지에는 이 대인공포증이 한국과 일본에 특수하게 나타나는 사회공포증이며, 문화적 증후군이라고 소개되기도 했다.

'회피성 성격장애'는 사람들과 어울리고 싶지만 두려움 때문에 사회적인 상황을 피하는 것이 만성적이어서 하나의 성격처럼 생각될 때 진단된다.

사실 회피성 성격장애가 진단체계에 포함될 때 미국에서는 엄청난 논란이 있었다. 크리스토퍼 레인(Christopher Lane)의 책 『만들어진 우울증(Shyness)』에서 저자는 제약회사의 지원

을 받은 학자들이 제약회사의 이익을 위해 더 많은 진단명을 만들어냈다고 주장한다. 이를 반대하는 많은 심리학자들과 정신과 의사들이 있었지만, 결국 제약회사의 지원을 받은 주류 정신의학자들의 승리로 사회공포증과 회피성 성격장애는 진단명에 포함이 되었다. 그 후 병원에서는 이 진단을 많이 내렸고, 약물처방 역시 엄청나게 증가했다.

또한 인터넷을 통해 이 용어가 기하급수적으로 확산되면서 사람들은 손쉽게 자신을 사회공포증이나 대인공포증 또는 회피성 성격장애로 설명한다. 물론 이 용어를 쓰면 편리한 점은 있다. 전문가들은 뭐라고 딱 집어서 말할 용어가 있으니 서류를 작성하거나 환자에게 설명하기가 쉽다. 그리고 병원을 찾은 사람도 '내가 병이었구나'라고 깨닫고는 마음이 편해지기도 한다.

다만 이런 용어를 남발할 때 '정신병자'나 '비정상'이라는 낙인이 찍혀서 문제가 더 심각해지기도 한다. 좀더 쉽게 나아질 수도 있는데, 이 낙인 때문에 수치심이 생겨서 사회공포가 더 심해지는 이들을 많이 봐왔다.

그리고 이런 진단명의 문제는 복잡한 사회적 문제를 한 개인의 문제로 매도한다는 점이다. 이를테면 학교에서 폭력을 당하거나 따돌림이 심한 친구들 속에 있으면 사회불안이 심해지는 것은 정상이다. 마치 폭력 사건을 다룰 때 피해자 사진이 아닌 가해자 사진을 보도해야 하는 것처럼, 우리가 어떤 사건을 대할 때 원인이 되는 사회적 문제를 조명해야지 '사회공포증'이나 '회피성 성격장애'라는 용어로 피해자를 부각시키면 안 된다고 생각한다.

사람을 대할 때 떨리는 것은 당연하다

게슈탈트 심리치료학파에서는 증상을 유기체의 보호를 위한 창조적인 대응체계라고 본다. 이 학파의 입장에서 사회공포증은 '위험한 사회에 대응하기 위한 조기경보체계의 활성화'라고 볼 수 있다.

이 관점에서 보면 사람을 대할 때 떨리는 것은 당연하고 정상적인 일이다. 자율신경계가 각성하면서 좀더 상황을 민감하게 바라보고, 적절한 대응체계를 마련할 수 있다. 문제는 오히려 이러한 정상 방어체계를 부정적인 것으로 생각하고 마치 자신이 이상하고 비정상적이라고 오해하는 것에서 비롯된다.

물론 타인에게 약하게 보이지 않으려고 떨리는 것을 감추려는 마음도 당연하다. 떠는 것을 비판하고 나약하다고 보는 사람들이 있기 때문에 당사자는 이를 수치스럽게 느낄 수 있다.

우리는 떠는 자신을 외부의 부당한 평가에서 스스로 지켜야 한다. 그것은 내 탓을 하는 것과 남 탓을 하는 것 사이에서 균형을 잡는 일이다. 대개 떨림증을 가진 사람은 자기 점검은 충분하기에, 떨림증의 원인을 타인이나 환경에서 비롯될 수 있다고 생각해보자.

나는 네게 피해를 줄까봐 두렵다

사람마다 건강상 차이가 있듯이 마음도 더 아픈 사람이 있다. 그러니 이들을 대할 때는 몸이 아픈 것과 마찬가지로 정상적인 시선으로 봐야 한다.

"우울한 표정 때문에 다른 사람들의 기분이 나빠지고 저와 있는 것을 싫어할까봐 두려워요."

"독서실에서 침 삼키는 소리가 다른 사람에게 피해를 줄 것 같아요."

"가족들과 밥을 먹을 때 내가 긴장해서 식구들이 모두 불편해 하는 것 같아요."

나의 긴장이 다른 사람에게 불편함을 준다고 생각하고 남에게 큰 피해를 주는 것 같은 죄책감에 사로잡힌다. 이런 고민을 주변에 털어놓으면 "아무도 너를 신경쓰지 않아. 괜히 너만 그렇게 생각하는 거야!"라고 충고하지만, 당사자는 그 생각을 쉽게 떨치기가 어렵다.

정신의학계 주류에서는 이를 '비합리적인 신념'이라고 본다. 또는 나와 관계없는 것을 관계가 있다고 생각하는 것을 '관계사고'라 명명하고, 정신이상의 징후로 판단하기도 한다. 그러나 이런 판단은 서구의 학문을 우리나라의 실정에 맞게 받아들이지 못한 것이다.

억압의 문화에서 개인의 고통이 증가한다

서양인들은 대체로 남을 신경쓰기보다 신과의 관계에서 내 양심을 살피는 죄책감 문화가 발달해왔다. 따라서 내 긴장이 다른 사람에게 피해를 끼친다고 생각하는 이들은 드물다.

반면 한국과 일본은 나보다 남이 중요한 공동체 문화다. 일본은 '와(和)' 문화로, 다른 사람에게 폐를 끼치는 것을 매우 조심한다. 상대방의 기분이 상하지 않도록 돌려 말하고, 상대방에게 무언가를 받으면 똑같이 돌려주어야 한다고 생각한다.

한국 사람도 눈치를 보는 것은 비슷하지만 일본과는 다른 역사적 배경을 가지고 있다. 우선 유교적 전통이 있다. 고려시대까지는 사람들의 말과 행동이 보다 자유로웠다. 그러다가 조선시대에 들어 유교 사상이 확립되면서 체면을 중시하는 경향이 심화되었다.

또한 일제강점기와 6·25전쟁 그리고 독재정권 시절을 거치며 억압적이고 권위적인 가부장 문화가 형성되었다. 개인의 감정과 욕구는 지배자들에게 용납할 수 없는 것이었다. 그래서 사람들은 속된 말로 '까라면 무조건 까야 했고', 힘없는 피지배자들은 그 억눌린 욕구를 또 다른 약자들을 괴롭히며 비틀린 삶을 살았다.

이런 환경에서 자란 사람들은 부모에게 배운 대로, 가족이나 타인의 작은 실수나 튀는 행동을 용납하지 못했다. 자녀의 정당한 감정과 욕구를 표현하는 태도를 "버릇없이 대든다"라면서 야단치고 지적하며 통제하며 살았다.

억압의 문화와 맞물려서 자본주의 사회의 극심한 경쟁과 심화된 차별은 구성원 간의 갈등을 심화시켰다. 학교, 직장, 각종 단체나 모임에서 남을 시기하고 깎아내리며 반목하고 싸우는 일이 증가했다.

예전에는 서로 의지하고 정을 나눴던 이웃사촌이 이제는

매우 위험한 타인이 되었다. 그리고 사람들의 마음속에서 '타인이라는 존재는 나를 비판하거나 해할 수 있는 존재'라는 인식이 확산되고 있다. 이러한 현실에서 남을 대할 때 두려운 마음이 커지고 몸이 떨리는 것은 당연하다.

몸이 아프듯 마음이 아플 뿐이다

어떤 사람들은 남들보다 더 많이 두려워하고 긴장한다. 그런데 나는 이들을 과민하다고 평가하면 안 된다고 생각한다. 미세먼지로 고통받는 이들을 굳이 나눠서 "누가 더 민감하다"라고 말하지 않는 것처럼, 필자는 이 문제도 개인적인 요인보다 변화된 사회환경을 더 중요하게 봐야 한다고 생각한다.

사람마다 건강에 차이가 있듯이 마음도 덜 아프고 더 아픈 사람이 있다. 그러니 마음이 아픈 사람을 대할 때는 몸이 아픈 것과 마찬가지로 정상적인 시선으로 바라봐야 한다. 더 많이 아픈 것은 그럴 만한 어려움이 있었기 때문이다. 단지 마음이 아픈 것이라서 무엇이 문제인지 쉽게 보이지 않을 뿐이다. 사연을 들어보면 그럴 만한 이유들이 있다.

떨림증을 가진 이들의 가족이나 주변 사람들은 "왜 그렇게 생각하게 되었니?"라고 묻기보다는 "네 생각이 틀렸어"라고 말한다. 또는 "모두가 그런 것은 아니야" "사람들은 네게 관심도 없으니 신경쓰지 마"라고 말한다.

물론 상대를 아끼는 마음에서 도와주려고 한 말일 것이다. 그리고 그들의 "모두가 그런 것은 아니다"라는 말도 일리가 있다. 다만 마음이 많이 아플 때는 그런 말이 도움되지 않는다. 이해가 잘 되지 않을 땐 조언보다 마음을 알기 위한 질문이 낫다. 우리가 그 사람을 이해 못해서 그렇지, 대개 그럴 만한 사연이나 이유가 있다.

왜 나만
이상한 걸까?

호기심을 가지고 주변 사람들을 둘러보기를 바란다. 의외로 나와 비슷한 떨림증을 가지고 있는 사람이 많을 것이다.

떨림증을 가진 사람은 정말 흔하다. 한국과 일본에서는 문화적 증후군이라고 말할 만큼 광범위하다. 사회공포증의 평생 유병율은 전체 인구의 4%로 추정되고, 병으로 진단받지 않지만 그 고통이 커서 삶의 질이 현저하게 떨어지는 이들까지 포함하면 훨씬 많다.

그런데 이상하게도 떨림증으로 고민하는 우리는 외롭다. 주위를 둘러보면 나처럼 떠는 사람은 별로 없는 것 같다. 나만 빼고 모두 괜찮아 보이니까, 나만 이상한 것 같고 비정상 같다. 그래서 더 괴롭고 수치스럽다.

심지어 떨림증을 겪는 사람들이 모이는 그룹상담이나 자조모임(Self-help group)에서조차 남들은 "괜찮아 보이는데 왜 나왔냐"고 서로 그런다.

겉으로 보이는 것이 전부가 아니다

왜 이렇게 나만 이상하게 느껴질까? 왜 떠는 사람들은 서로가 서로를 알아보지 못할까? 그 이유를 살펴보자.

첫째, 우리는 서로의 과거를 잘 모른다. 떨림증이 오랜 기간 지속되기도 하지만, 어떤 시기에만 나타났다 사라지는 경우도 많다. 그래서 그 시기를 같이 보내지 않으면 모를 수 있다.

둘째, 어떤 특정한 상황이나 조건하에서 일어나기 때문에 주변에서 알기 어려울 수 있다. 어떤 이는 발표할 때만 떨고 대화할 때는 떨지 않는다. 또 어떤 이는 그 반대다. 어떤 이는 글씨를 쓰거나 수저를 들 때만 떤다. 아니면 어떤 특정한 사람 앞에서만 떤다. 이 때문에 친한 사이라도 그 상황에 같이 있거나 자세히 보지 않으면 모른다.

셋째, 당연한 이야기지만 떨림은 남의 몸이 아닌 내 몸에서 일어난다. 상대에게는 산들바람 같은 목소리 떨림이 내게는 천둥소리 같다. 상담소에서는 이런 차이를 알 수 있도록 동영상 촬영을 한다. 그래서 실제로 보이는 것과 자신이 느끼는 것을 비교하도록 돕는다. 얼굴이 활화산처럼 불타고 있다고 느꼈는데 화면에는 조금 붉은 것으로 나오는 것을 보면 걱정이 줄어들기도 한다.

넷째, 겉으로는 떨지 않지만 속으로는 심하게 떠는 사람들이 많다. 미영은 직장에서 자주 프레젠테이션을 한다. 재미있게 잘한다고 칭찬도 많이 받았다. 그런데 정작 그녀는 발표하는 자리가 너무나 두려웠다. 두려움이 큰 나머지 남들보다 준비하는 데 시간을 많이 쓴다. 그래서 쉴 시간이 부족하고 항상 피곤하다. 남들에게 힘들다고 이야기해봤자 "에이, 네가 무슨!" "야, 나는 더 힘들거든?"이라는 반응만 돌아와 답답하고 외롭다.

이처럼 사람의 아픔이란 겉으로 보이는 것이 전부가 아니다. '내가 웃는 게 웃는 게 아니야'라는 노래 가사처럼, 겉으로는 아무 문제없어 보여도 속으로 떠는 사람들이 많다. 그러니 우리는 남들도 나와 비슷한 문제를 가지고 있다고 인식하기가 어렵다.

‘내가 이상한 사람은 아니구나’

나는 떨림증을 극복해가는 과정에서 주변 사람들과 솔직한 대화를 많이 나누었다. 내 문제를 개방하다 보니, 안 그럴 것 같은 사람도 “나도 그래!”라고 말하는 것이었다. “너도? 정말?” “아! 너도?”라고 하면서 얼마나 신기하고 안심이 되었는지 모른다.

당신도 호기심을 가지고 주변 사람들을 둘러보기를 바란다. 겉으로 도도하거나 강한 느낌으로 보일지라도 막상 다가가면 마음이 부드럽고 친절한 사람이 많다. 의외로 나와 비슷한 떨림증을 가지고 있는 사람도 많다.

그리고 꼭 떨림증이 아니더라도 상관없다. 상대가 나와 같은 문제를 가지지 않아도 괜찮다. 약점이라고 생각하는 것을 내가 먼저 이야기하면, 상대방도 자신의 어려움을 이야기한다. 그렇게 솔직하게 이야기를 나누는 사이를 우리는 ‘친구’라고 부른다. 그렇게 서로에 대해 마음을 열고 알아가는 과정을 통해 우리는 다음과 같은 결론에 이르게 될 것이다.

‘그래, 사람은 다 비슷하구나! 내가 정말 이상한 사람은 아니구나!’

내향적인 성격이라 소심한 걸까?

조심하고 의심하기 쉬운 환경이나 상황에 있고, 내가 이상하지 않다는 것만 알아도 마음이 편안해진다. 그 여유 속에서 내 떨림을 바라보자.

분석심리학자 칼 구스타프 융(Carl Gustav Jung)이 '외향성'과 '내향성' 개념을 제시했다. 이 용어는 성격검사 MBTI(Myers-Briggs Type Indicator)가 널리 사용되면서 우리에게 익숙해졌다.

외향성과 내향성을 분류하는 기준은 '개인이 에너지를 얻는 방향'이다. 외향적인 사람은 자신의 에너지를 외부의 활동에서 얻는다. 사람들과 함께 이야기하고 무엇인가 신나게 놀았을 때 더 기운이 난다. 반대로 내향적인 사람은 혼자서 조용히 보내는 시간을 통해서 에너지를 충전한다.

물론 내향적인 사람도 활동적인 것을 좋아하고 사람들과 잘 어울리기도 한다. 다만 이를 외향적인 사람보다는 덜 선호하고 좀더 쉽게 피로감을 느낀다는 점이 다르다. 하지만 이들은 내면에서 쌓은 에너지로, 무대에서 폭발적인 에너지를 내기도 한다.

내향성에 대해 더 알고 싶다면 수잔 케인(Susan Cain)의 『콰이어트(Quiet)』나 일레인 아론(Elaine N. Aron)의 『타인보다 더 민감한 사람(The Highly Sensitive Person)』을 보길 바란다. 내향성에 대한 오해가 풀리고, 자신이 가진 무수한 장점들에 대해 눈을 뜰 것이다.

왜 나는 소심한 걸까?

그렇다면 왜 나는 소심한 걸까? 이 '소심'이란 말에 획 하나를 더 붙이면 답을 구하기가 쉽다. '조심.' 어쩌면 당신은 살면서 안 좋은 경험들 때문에 조심하는 습관을 들이게 되었을지도 모른다. 실수할까봐, 안 좋은 소리를 듣지 않으려고, 무시나 따돌림을 당하지 않으려고 점점 더 조심스럽게 되었을지 모른다.

돌다리를 한두 번 두드려서는 안심이 되지 않아 여러 번 두드리고, 나아가 두드리기만 하는 사람의 모습으로 비유할 수 있다. 왜 자꾸만 돌다리를 두드리듯이 다른 사람 앞에서 말하고 행동할 때 걱정이 많은 걸까?

'조심'이라는 단어에서 한 글자를 다르게 바꿔보자. '의심.' 바로 '의심' 때문이다. 우리는 경쟁이 치열하고, 서로를 비방하고 흉보는 일이 흔한 세상에서 살고 있다. 서로 흉을 보며 상처받는 일이 너무도 흔하다. 별 뜻 없이 한 말이 잘못 전달되어서 나를 찌르는 화살로 돌아오기도 한다.

겉으로 웃으며 내게 잘해주던 사람이 어느 날 등에 비수를 꽂는 일도 있다. 우리는 이런저런 상처를 겪으면서 마음에 '의심'이 자라난다. '지금 저 사람의 마음은 진심일까?' '내가 이런 말을 하면 상대방은 어떻게 생각할까?'라고 말이다.

걱정이 많아지면서 우리는 긴장한다. 그 결과 사람들 앞에서 시선을 마주치기가 어렵고, 목소리가 떨린다. 그런 나를 소심한 것이라고 오해하고 자책하면서 수치심이 커진다. 수치심이 커지면 더 긴장하고 더 떨게 된다.

반대로 내가 조심하고 의심하기 쉬운 환경이나 상황에 있고, 내가 이상하지 않다는 것만 알아도 마음이 편안해진다. 그 여유 속에서 내 떨림을 바라보자. '무엇을 걱정하고 있기에 떠는 것일까?' '상대방이 나를 어떻게 생각할 것이라고 추측하고 있는가?'

심리학에서는 '사회공포' 또는 '사회불안'이란 용어로 떨림증을 연구해왔다. 그 결과 많은 것들이 밝혀졌고, 새로운 관점에 따른 발전된 이론들이 나타났다. 이를 10여 년간 상담현장에서 적용해보니, 도움이 되는 것과 그렇지 않은 것을 구별해낼 수 있었다.

2장

왜 남들 앞에 서면 떨리는 걸까?

너 공황장애?
나 사회공포증!

극도의 정신적 스트레스를 받으면 몸도 함께 긴장한다. 이것이 쌓이다가 한계치에 이르면 결국 극도의 긴장상태에 이르고 만다.

공황장애(panic disorder)는 특별한 이유 없이 예상치 못하게 나타나는 극단적인 불안증상, 즉 공황발작(panic attack)이 주요 특징으로 나타난다. 심장이 터질 만큼 빨리 뛰거나 가슴이 답답하고 숨이 차며, 진땀나거나 현기증을 느낀다. 그리고 마치 죽을 것 같은 극도의 공포를 느낀다.

이를 처음 겪으면 몸에 문제가 생겼다고 생각해서 병원에 간다. 그런데 검사를 해도 "아무런 이상이 없습니다"라는 대답만 들을 뿐이다.

공황장애와 사회공포증의 첫 번째 유사점

몸에 이상이 없는데 도대체 왜 이런 일이 일어날까? 우리가 무리해서 일하고 잘 쉬지 않으면 피로가 누적된다. 이것이 한계치를 넘으면 우리의 뇌는 현재 상황이 매우 위험하다고 판단해서 온몸에 신호를 보낸다.

아드레날린 같은 호르몬을 분비해서 자율신경계가 각성되고, 그 결과 앞서 말한 각종 신체증상이 나타난다. 이는 전쟁터에서 전투중인 병사에게 나타나는 과정과 유사하고, 적과 싸우거나 도망가기 위해 필요한 것으로 심리학자들은 이를 '투쟁-도피 반응'이라고 한다.

그런데 우리가 어느 날 갑자기 공황발작이 일어날 때, '아, 내가 그동안 내 몸과 마음을 돌보지 않았군!' 하고 생각하기는 어려울 것이다. 대개는 놀라서 '혹시 내 몸에 이상이 생긴 것은 아닐까?' '죽는 것은 아닐까?' 하고 생각하기 쉽다. 바로 그 생각에 따라 공포심은 더 커지고, 그 증폭된 감정이 신체반응을 심화시켜서 악순환의 고리를 만든다.

사회공포증도 마찬가지다. 공황장애처럼 어느 날 갑자기 찾아온 떨림 증상에 매우 놀란다. 자신이 떤 것에 놀라서 더 긴장하고, 긴장해서 더 떠는 악순환이 반복된다. 이때 자신의

공황장애가 일어나는 과정

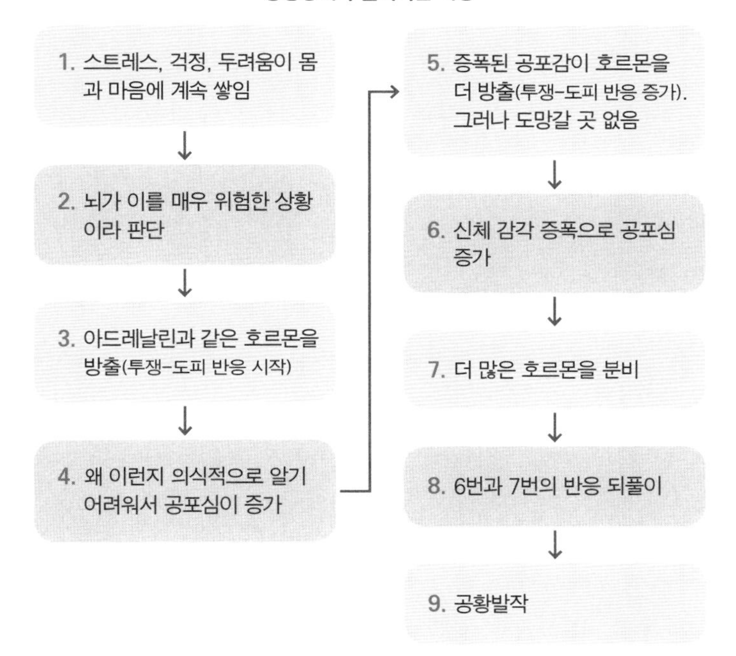

떨림을 어떻게 해석하느냐에 따라 더 심해진다. 공황장애는 죽을지도 모른다고 오해해서 발작이 더 심해지는데, 사회공포증은 '내가 이상해서 그런가? 내가 못나서 그런가?'라고 자신을 부정적으로 생각하면서 떨림이 심해진다.

공황장애와 사회공포증의 두 번째 유사점

두 번째 유사점은 환경을 위협적으로 지각한다는 것이다. 공황장애를 겪는 이들은 폐쇄적인 공간이나 낯선 환경을 위험한 것으로 인식한다. 통제할 수 없고, 사람이나 상황을 위협적으로 느낀다. 그래서 수많은 사람이 있는 지하철에서도 죽을 것 같은 순간에 자신을 도와줄 사람이 없다고 느낀다. 사회공포증이 있는 사람도 환경(타인)이 보이는 신호를 위협적으로 느낀다.

인영은 고등학교 2학년 때 부산에서 서울로 전학을 왔다. 수업시간에 발표를 하다가 무심결에 부산 억양이 튀어나왔는데, 갑자기 반 아이들이 웃음을 터뜨렸다. 인영은 아이들이 자신을 비웃는다고 생각해서 심한 수치심에 사로잡혔고, 그 후로 떨림증이 심해졌다고 했다.

그런데 이런 상황에서 친구들이 재미있어 한다고 생각해서 '아, 사람들이 나를 재미있어 하는구나!'라며 자신감이 생긴 학생도 있다. 실제로 어땠을까? 정답은 누구도 알 수 없다.

대개는 재미있어서 웃었을 것이다. 그런데 누군가는 비웃었을지도 모를 일이다. 실제야 어떻든, 사회공포증은 사람들의 반응을 위협적으로 느껴야 발생한다.

사회공포증을 겪는 이들의 상황 해석

상황	마음이 편할 때	두려움이 클 때
발표시 청중이 하품할 때	'어제 잠을 못 잤나?'	'내 말이 지루한가?'
대화중에 상대방 표정이 굳어 있을 때	'어디 아픈가?'	'나 때문에 그런가?'
독서실에서 타인이 소리낼 때	'공부가 잘 안 되나?'	'내가 시끄럽게 해서 보복하나?'
상대가 내 인사를 안 받아줄 때	'다른 생각을 하나?'	'나를 안 좋아하나?'

위의 표를 보면 사회공포증을 겪는 이들이 상황을 어떻게 해석하는지를 조금이나마 알 수 있다.

이처럼 사회공포증을 겪는 이들 역시 상황을 더 부정적으로 지각한다. 왜 그런 것일까? 사람과의 관계에서 어떤 일을 겪었기에 또는 어떤 고민이 있길래, 이들이 사람과 환경에 대해 부정적으로 생각하는 것일까?

나는 자존감이 부족한 사람인가요?

우리 자신이 그렇게 이상하지 않다는 것을 알게 되는 순간, 여전히 떨리기는 하지만 마음에는 평화가 찾아온다.

많은 이들이 떨림증의 원인으로 자존감 부족을 꼽는다. '자존감'이란 말은 원래 국어사전에는 없는, 서구에서 유입된 말이다. 그 뜻을 간단히 말하면 '자신이 괜찮다'는 느낌이다.

사실 나는 이 말이 마음에 들지는 않는다. 이 말을 쓰면 마치 자존감이 부족한, 즉 어떤 사람이 문제가 있다고 생각하기 쉽기 때문이다. 한 사람이 느끼는 자신에 대한 감정은 개인과 그를 둘러싼 사회가 상호작용하면서 만든 느낌이다. 따라서 나는 이 말 대신에 '우리는 스스로를 괜찮다고 생각하기 힘든 환경에서 살아가고 있습니다'라는 말을 쓰고 싶다.

폭력, 차별, 무시를 당한 사람들의 상처

우리는 살면서 어떤 부정적인 경험을 통해 마음에 상처가 생기면 내 존재 자체가 부족하고 비정상적이며 모자라게 느껴질 수 있다. 이를테면 어떤 사람이 어렸을 때 말이나 행동에 대해 지적을 많이 받거나 부정적으로 평가하는 환경에서 자랐다면, 스스로 괜찮다고 느끼기 어려울 것이다.

열심히 공부해서 90점을 맞아도 100점을 못 받았다고 지적받고, 충분히 예뻐도 연예인을 닮은 언니와 비교되고, 공부를 잘하던 학생이 지나친 경쟁 때문에 시험에 떨어지는 상황들이 그럴 것이다. 이런 모습들은 모두 획일화된 가치가 지배하고, 경쟁과 차별을 통해 극소수의 승자와 대다수의 패자를 만들어 내는 자본주의 사회가 만들어낸 문제다.

이념적으로는 민주사회를 추구하고 개인의 다양성과 행복을 추구한다고 하지만, 현실은 튀면 욕먹고, 공무원처럼 안정적인(실은 안정적이지 않은) 일에 목숨을 걸게끔 만든다. 대학을 서열화해서 '명문대'와 일명 '지잡대'로 구분하고, 약자에 대한 차별은 만연하다.

경제적 상황이 지금보다 여유로웠던 자본주의 사회 성장기에는 그나마 희망이라도 있었다. 그런데 자본주의가 곪아터진

현재 상황에서 구성원들은 보다 무기력하다. 그리고 그 안에 있는 미성숙한 개인들은 타인에 대한 비방과 폭력을 점차 노골적이고 과격하게 표현하고 있다.

민주는 고등학교 1학년 때 선생님의 총애를 받았다. 그런데 그 일로 반 아이들 중 일부가 시기해서 민주는 집단 따돌림을 당했다. 이런 일이 있은 후부터 민주는 자신이 매우 못났다고 생각하게 되었다.

민주처럼 폭력, 차별, 무시를 당한 사람들은 마음에 큰 상처를 입는다. 거의 대부분의 사람들은 이런 사건을 겪고 나면 자신을 자책한다. 내가 볼 때는 피해자의 잘못이 아닌 것이 분명하지만 그들은 스스로에게 화를 낸다.

가장 큰 치유 요인은 '소외감 극복'

나는 민주와 같은 이들을 자존감이 낮다고 낙인찍으면 안 된다고 생각한다. 자존감이 낮아지는 것은 상당 부분 피해자가 잘못되었다고 비판하는 주변 사람들 때문이다. 또한 피해자 입장에서는 똑같은 일을 또 당하지 않기 위해 절박하다. 그러니 변화시킬 수 없는 타인 대신에 변화시킬 수 있는 자신을 비판하는 것이다.

자신에게서 문제의 원인을 찾는 것도 필요하다. 그렇지만 이것이 과하면 문제의 본질을 놓치고 해결책을 찾기 어렵다. 물론 피해 당사자들은 너무 아프기 때문에 스스로 괜찮다고 보기 어렵다.

주변에서 이들을 돕고자 한다면, "네가 잘못 생각하는 거야"라는 말 대신에 "힘든 일을 겪으면 그렇게 생각할 수 있어" 혹은 "나도 너와 비슷한 일을 겪었어. 그때 자책을 많이 했던 것 같아"라는 말이 좋다. 피해자는 공감을 통해서 안심하고, 자신의 상황을 객관적으로 바라볼 힘이 생긴다.

떨림증을 극복한 사람들의 이야기를 들어보면, 가장 효과적인 치유 요인은 바로 '소외감 극복'이었다고 한다. 나만 이상하고 비정상이라는 생각을 가지고 있다가 다른 사람들과 속마음을 나눠보면, 남들도 나와 크게 다르지 않다는 것을 비로소 깨닫는다.

자신이 못난 게 아니라고 생각하든, 상대방도 나만큼 문제가 많다고 생각하든, 우리 자신이 그렇게 이상하지 않다는 것을 알게 되는 순간 마음에는 평화가 찾아온다. 나와 상담을 한 내담자들에게 상담종료 후 달라진 점을 물어보면, 많은 내담자들이 이렇게 이야기한다.

"여전히 떨리기는 하지만 전보다 떠는 것에 대해 마음이 편해졌어요. 떨까봐 일주일 전부터 걱정되어서 잠을 못 잘 정도였는데, 지금은 하기 전에 잠깐 걱정될 뿐이에요. 만약 떨더라도 남들이 이상하게 볼 거라는 걱정이 줄었어요."

어떻게 해서 자신감이 떨어지게 되었나?

운동선수가 부상 후에 재활훈련을 거치는 것처럼, 우리도 힘든 일을 겪고 나면 마음을 풀고 워밍업을 하는 기간이 필요하다.

자존감이 자신의 존재 전체에 대한 느낌이라면, 자신감은 어떤 상황에서 자신이 잘 대처할 수 있으리라는 믿음이다. 그래서 자존감은 떨어지지만, 어떤 상황에서는 자신감이 넘치는 사람이 있다.

사회불안 자조모임에 학원강사가 참가했다. 그는 학원에서 가르칠 때는 준비한 대로 진행하기 때문에 어렵지 않다고 했다. 그러나 다른 대인관계에서는 예측할 수 없기 때문에 몹시 떨린다고 했다.

또 어떤 이들은 일대일 상황에서는 편하게 이야기하지만

세 명 이상 모인 자리에서는 심하게 떤다. 이와 달리 셋 이상 모인 자리는 편하지만 일대일 상황이 몹시 어렵다는 사람들도 있다. 자신이 대화를 주도해야 한다는 책임감을 가지거나 적절히 반응을 해야 하는데 어떻게 해야 할지 모르기 때문이라고 말한 사람들이 많았다.

자신감이 떨어질 수도 있는 상황들이 있다

곰곰이 생각해보면 잘 겪어보지 않은 상황이나 공통의 화제가 많지 않은 관계에서 대화하는 것은 누구나 어렵다. 이럴 때 자신감이 떨어지는 것은 당연하다. 문제는 이를 당연하게 받아들이지 못하는 데 있다.

초등학교 3학년이었을 때의 일이다. 리코더 실기 시험이라 자리에서 일어나 리코더를 부는데, 숨은 가빠지고 손도 덜덜 떨렸다. 그때 나는 무엇인가 잘못하고 있고 떠는 태도 때문에 어딘가 못난 사람처럼 느껴졌다.

그 후 30여 년이 지난 지금은 취미로 리코더를 연주한다. 이제 와서 생각해보면 그때 리코더를 제대로 배우지도 못했고, 연습도 별로 안 하고 시험을 봤기 때문에 남들 앞에서 떠는 것은 당연했다. 최근에 자원봉사로 리코더를 가르치기도 했는데, 참여자들이 긴장을 푸는 데는 최소한 몇 개월의 연습이 필요했다.

그런데 그때는 떨림증을 왜 내 문제로 생각했을까? 우선 나는 '떠는 것이 당연하다'라는 말을 듣지 못했다. 연습을 얼마나 해야 하는지도, 리코더가 어려운 악기라는 것도 몰랐다. 선생님이 "이 악기는 매우 어려운 악기예요. 여러분의 수준에서는 떨리고 소리가 나쁘게 나는 게 정상이에요"라고 말해주었으면 어땠을까?

그리고 시험으로 평가를 받는 상황이었기 때문에 내가 부족하고 못났다고 생각하기가 쉬웠다. 평가 대신에 간단한 합주를 알려주고 화음이 어우러지는 기쁨을 맛볼 수 있었다면 어땠을까?

결국 서열을 매기고 서로 비교하는 우리나라의 교육 시스템에서는 개인의 열등감과 수치심이 쉽게 생긴다. 또한 배우는 행위가 즐겁지 않을뿐더러, 무엇을 해도 자신감이 생기기란 쉽지 않다.

'난 이런 것도 못하는구나'라며 좌절하는 사람들

자존감이 나쁘지 않았던 사람이 자신의 떨림을 잘못 이해해서 자존감이 점점 추락하게 된 경우도 있다. 자신이 떨 때 처음에는 '왜 그러지? 왜 그러지?' 하고 당황하다가 이를 성격이나 정신적인 나약함으로 해석하면 깊은 수치심이 밀려온다.

수치심이 심해지면 우리는 어려운 상황을 피하게 된다. 자존심이 상하고 수치심을 느끼는 것이 싫기 때문에 두렵게 느껴지는 상황을 되도록 겪지 않으려고 한다.

발표수업만 피해서 수강신청을 하는 대학생들도 꽤 있다. 이 태도가 점점 심해지면 남들 앞에 나서는 것을 두려워하고, 심지어는 가까운 사람들과 만나고 대화하는 것조차 피하게 된다.

사람 만나는 것을 피하면 대화의 기회도 적어지고 경험이 더 부족해지다 보니, 예전에 잘할 수 있었던 대화도 어떻게 해야 할지 잘 떠오르지 않는다. 감이 떨어진 것이다. 사실 능력이 사라진 것은 아니다. 마치 팔목이 부러져서 깁스를 오래하고 있다가 풀면 당장은 뻣뻣해서 적응 기간이 필요한 것처럼, 대화도 마찬가지다.

운동선수가 부상 후 재활훈련을 거치는 것처럼, 우리도 힘든 일을 겪고 나면 마음을 풀고 워밍업을 하는 기간이 필요하다. 그런데 많은 사람들이 마음에 대해서는 친절한 회복 운동을 하지 않는다. 그 결과 준비가 덜 된 상태로 남 앞에 서고 대화를 한다. 그러면 마치 몸이 다 안 풀린 운동선수처럼 대화가 잘 되지 않는다. 이때 우리는 '아직 마음의 재활훈련이 덜 되었구나'라고 생각하기보다 '난 이런 것도 못하는구나'라고 생각하면서 좌절한다.

결국 자신감은 더 떨어지고, 안 좋은 경험이 반복되면서 점점 더 자존감이 낮아진다. 낮아진 자존감과 자신감 때문에 상황을 더 피하게 되고, 그 결과 경험은 더 부족해서 자신감이 저하되는 악순환으로 이어진다.

'노오력'하면 더 나빠져요

변화는 당신이 아닌 무언가가 되려고 할 때 일어나지 않는다. 오히려 있는 그대로의 자신으로 충분히 있을 때 변화가 일어난다.

— 아놀드 바이써 「변화의 역설적 이론」 중에서

"선생님, 제가 정말 나아질 수 있을까요?"

"선생님, 저는 이 병을 고칠 수 있을까요?"

떨림증으로 찾아온 내담자들은 흔히 내게 이렇게 묻는다. 나는 그들의 말에서 깊은 고통과 절박한 마음을 느낀다. 나아지려고 애를 많이 썼는데도 잘 되지 않았다며, 마지막으로 지푸라기라도 잡는 심정으로 찾아왔다고 한다.

그러면서 내게 "얼마나 더 노력을 해야 할까요?"라고 묻곤 한다. 그럴 때마다 나는 이렇게 대답한다. "고치려고 하면 오히려 더 나빠져요."

아니, 고치려고 하면 더 나빠진다니 이게 무슨 말인가? 고치려고 왔는데 상담가는 고치려고 하지 말라니, 이게 참 듣기에 황당할 수 있다. '가만히 있자니 나아지지 않고, 노력하면 더 나빠진다는데, 그럼 도대체 어떡하란 말이지?'

있는 그대로의 자신으로 있으라

살찐 사람이 살 빼라는 지적을 받으면 더 스트레스를 받고 다이어트에 실패한다는 연구 결과가 있다. '내가 흉하구나'라는 부정적 인식이 커지면 나를 바꾸고 싶은 욕망도 커지는데, 그만큼 과하게 금욕하고 무리한 다이어트를 하게 된다.

가뜩이나 스트레스가 많은 삶에서 나를 즐겁게 해준 것을 억누르면, 사람은 이전의 즐거움을 누리기 위한 반작용 또한 커지게 된다. 그래서 결국 요요 현상이 찾아온다. 음식에 대한 갈망이 커지고, 참았다가 먹으니 쌓인 욕구가 폭발해서 폭식을 하고 만다.

폭식을 하면 '아, 나는 자기관리도 못하는 사람이구나. 정말 못났다'라는 생각에 빠지고, 그런 자신을 미워하기 쉽다. 결국 더 큰 스트레스를 받는다. 이런 과정이 반복되면 자포자기하거나 자기혐오에 빠지고, 그럴수록 몸은 점점 더 망가진다.

그렇다면 가만히 있어야 하는가? 살은 찌고 남들은 안 좋게 보는데, 그럼 어쩌라는 말인가? 아놀드 바이써(Arnold R. Beisser)의 논문 「변화의 역설적 이론」에서 '있는 그대로의 자신으로 있으라'는 말은 '있는 그대로의 자신이 되려는 노력도 하지 말라'는 이야기가 아니다.

살이 쪘다면 자신이 왜 그렇게 되었는지 이해하고, 자신의 고통을 어루만지는 노력은 필요하다. 마음이 공허해서 음식을 더 먹었다면, 아픈 마음을 잘 살피라는 것이다. 슬프면 '아, 내가 슬프구나' 알고, 그 슬픔에 머물러 슬픔이 말하는 바를 잘 공감하며, 아픈 마음을 어루만지는 것이다.

마음의 고통에서 벗어나면 의욕이 저절로 생기고, 즐거운 활동들을 하게 된다. 그러다 보면 열정은 더 솟아나고 활기차게 살아가면서 저절로 건강한 몸을 유지하게 된다.

떨림증도 마찬가지다. 겉으로 드러나는 떨림을 통제하려는 시도는 마치 기침이 나올 때 기침을 하지 않으려는 것과 같다. 긴장해서 떠는 것인데 자꾸 뭔가 하려고 하다 보니 결국 더 심한 긴장을 만들어낸다.

반대로 '내가 이래서 떨었구나. 그럴 수 있었구나' 하고 스스로 자신을 받아들이는 것이 더 낫다. 이렇게 생각하면 자신이 덜 밉고 부끄러움도 줄어든다. 조금 더 편안하게 사람들과 이야기할 수 있게 되고, 사람들과 마주하고 대화하는 경험이 자연스럽게 늘 것이다. 그 경험만큼 떨림증은 저절로 줄어든다.

떨림증이 심해서 자신을 받아들이기 어려울 때는 그룹상담이나 자조모임처럼 나와 비슷한 사람을 만나거나 이해심이 깊고 편안한 사람을 만나는 것이 좋다. 편한 사람과 함께 있으면 긴장이 풀어지고, 그만큼 내 말과 행동도 편해진다.

나를 약하게 보는 것이 두려웠어요

떠는 것이 부끄러워서 더 긴장하고 떨게 되는, 끝없는 악순환이 이어진다.
따지고 보면 정말 이상한 것도, 못난 것도 아닌데!

"왜 술을 마셔요?" 어린 왕자가 그에게 물었다.
"잊기 위해서지." 술꾼이 대답했다.
"무엇을 잊기 위해서예요?" 측은한 생각이 든 어린 왕자가 물었다.
"부끄럽다는 것을 잊기 위해서지." 머리를 숙이며 대답했다.
"뭐가 부끄럽다는 거죠?" 그를 돕고 싶은 어린 왕자가 물었다.
"술을 마시는 게 부끄러워!" 이렇게 말하고 술꾼은 침묵을 지켰다.

— 생텍쥐베리 『어린왕자』 중에서

떠는 자신의 모습이 수치스러운 사람들

첫 직장이었던 한국음주문화연구센터에서 술을 끊으려고 애쓰던 사람들을 많이 만났다. 그들도 어린 왕자의 술꾼과 같은 이야기를 하곤 했다. 삶의 고통을 잊기 위해 술을 마시지만 눈을 뜨고 나면 다시 비참한 현실과 마주하고, 그 현실 앞에서 초라한 자신의 모습을 발견한다.

그들은 그 모습을 보는 것이 너무나도 부끄러워서 이를 잊기 위해 술을 마신다. 그래서 주변 사람들도 실망하고, 스스로도 자신이 한심하고 부끄럽다. 결국 술을 더 마시는 악순환이 이어진다.

물론 알코올은 그 자체로 충동조절과 판단력에 관여하는 뇌의 전두엽을 손상시키기에 이런 심리적인 부분만이 중독의 원인은 아니다. 다만 이 수치심은 술에서 빠져나오지 못하도록 막는 큰 걸림돌이 된다.

떨림증도 마찬가지다. 떠는 자신의 모습이 매우 수치스럽게 느껴져서 다른 사람에게 숨긴다. 심지어는 가족이나 지인에게 숨기는 경우도 많다. 희원 씨는 상담하던 중에 남편에게 전화가 왔는데도 받지 않고 어쩔 줄 몰라 했다.

대령 남편은 상담받는 것을 모르나 봐요.

희원 네. 운동 간다고 거짓말하고 왔어요.

대령 남편에게 말하지 않은 이유가 있어요?

희원 네. 남편이 알면 실망할까봐 말을 못하겠어요. 저를 나약한 사람으로 볼까봐….

그녀처럼 우리는 다른 사람들이 이상하게 볼까봐, 나약하고 의지가 부족한 사람으로 볼까봐, 무능력하거나 의지하기 어려운 사람으로 볼까봐, 불쌍하게 보고 동정할까봐 두렵다. 그래서 아주 가까운 관계에서도 마음을 감추고, 홀로 끙끙댄다.

내가 드러나는 것이 왜 두렵고 수치스러울까?

우리는 왜 이렇게 내 모습이 드러나는 게 두렵고 수치스러울까? 그룹상담에서 사람들이 나눈 이야기를 모아보았다.

대령 여러분들 마음에는 '약해 보이면 안 된다'라는 생각이 강하게 자리잡은 것 같아요. 그런 생각들을 언제부터, 그리고 어떻게 하게 되었나요?

동연 저는 어릴 때 어디서 맞고 들어오면, 아버지가 병신 같이 맞고 들어온다고 화내셨어요. 그 말을 들으니 눈물이 왈칵 쏟아졌어요. 그런데 "어디서 사내새끼가 약해 빠져서 눈물을 흘리냐"고 하시는 거예요. 주눅이 들어 있는 저를 계속 한심하게 보셨어요.

민철 저는 고등학교 때였던 것 같아요. 고등학교에 올라갔는데 기가 센 아이들이 많았어요. 약해보이면 괴롭힘을 당하니까 없어도 있어 보이는 척, 약해도 강해 보이는 척을 해야 했어요.

송희 맞아요. 아이들에게 얕보이면 왕따를 당하니까, 저도 그런 게 무서웠던 것 같아요. 저는 말수가 거의 없어서 지적을 많이 받았는데, 대학교 동아리에서 한 선배가 "넌 왜 그렇게 말이 없냐, 말 좀 해봐"라고 하는 거예요. 그 말을 들으니 무척 창피하고 속상하더라고요.

은아 맞아요. 요즘은 직장에서도 말이 없으면 "왜 말이 없냐", 표정이 안 좋으면 "왜 그런 표정을 하고 있냐"라고 지적하는 사람들이 있어요. 지난번에는 부장님이 "너 얼굴이 그게 뭐냐, 좀 웃고 다녀"라고 지적을 하는 거예요.

떠는 것이 부끄러워서 더 떤다

가정에서 부모들은 자신이 때린 것은 생각하지 않고 "네가 뭘 잘했다고 울어?"라고 말한다. 학교에서는 폭력의 가해자가 피해자를 "찌질하고 병신 같다"고 매도한다. 직장에서는 상사가 부하를 괴롭히면서 당하는 사람의 표정이 안 좋으면 "그래서 사회생활하겠어?"라고 말한다.

'두려움' '슬픔' '분노'와 같은 감정들은 사회적 관계에서 태어난 자연스러운 감정들이다. 그런데 권력을 가진 입장에 있는 이들은 기득권을 유지하기 위해 상대의 감정을 통제하려고 한다.

이들은 사람을 통제하기 위해 자연스러운 감정에 '나약하다'와 같은 딱지를 붙이고, 정상과 비정상, 잘남과 못남을 가르친다. 그리고 그 가치관을 다음 세대에게 주입한다. "그래서 어디 사회생활을 하겠어?"라는 말로.

그래서 우리는 자연스러운 우리 몸과 마음의 반응을 뭔가

부적절하고 못난 것으로 생각하기 쉽다. 사람들이 나를 좋아하지 않고 함께 지내고 싶지 않을 거라는 공포심과 수치심이 점점 자라난다.

그 결과 술을 마시는 것이 부끄러워서 술을 마시는 것처럼, 떠는 것이 부끄러워서 더 긴장하고 떨게 되는 끝없는 악순환이 이어진다. 따지고 보면 정말 이상한 것도, 못난 것도 아닌데 말이다.

'주홍글씨'를 달아 더 떨어요

떨림증을 가진 이들도 주홍글씨를 달고 있다. 우리는 이제 이마에 붙은 보이지 않는 주홍글씨를 떼고, 새로운 이름표를 달아야 한다.

나다니엘 호손의 소설 『주홍글씨』에는 딤스데일 목사와 간통을 한 헤스터 프린의 이야기가 나온다. 청교도 윤리가 엄격한 보스턴 사회에서 그녀는 'A(Adultery, 간통의 이니셜)'라는 글자를 가슴에 평생 달고 살아야 하는 벌을 받는다.

그녀는 단 한 번의 행동 때문에, 아무리 열심히 살아도 평생 사람들에게 손가락질을 당하며 고통을 받는다. 이 소설 이후로 '주홍글씨'는 사회적 낙인과 그로 인한 고통을 지칭하는 말로 널리 쓰이게 되었다.

떨림증을 가진 이들이 달고 있는 주홍글씨

떨림증을 가진 이들도 이런 주홍글씨를 달고 있다. 내가 상담소에서 만난 사람들은 다음과 같은 말들로 자신을 표현하고 있었다. 이 책을 읽고 있는 여러분도 해당되는 부분에 체크해 보길 바란다.

- [ ] 숫기가 없다
- [ ] 소심하다
- [ ] 두려워하다
- [ ] 내성적이다
- [ ] 부자연스럽다
- [ ] 남을 불편하게 한다
- [ ] 억압적이다
- [ ] 바보 같다
- [ ] 나약하다
- [ ] 비사교적이다
- [ ] 무능력하다
- [ ] 한심하다
- [ ] 못났다
- [ ] 이상하다
- [ ] 찌질하다
- [ ] 의지가 박약하다
- [ ] 사교성이 떨어진다
- [ ] 병신 같다
- [ ] 비정상이다
- [ ] 정신병자다
- [ ] 사회(대인)공포증이다
- [ ] 회피성 성격장애자다

체크했다면 해당되는 단어들을 입으로 말해보길 바란다. 예를 들어 "너는 정신병자야!"라고 말하는 것이다.

이 말을 입 밖으로 꺼내면서 어떤 기분이 느껴졌는가? 속으로만 생각했던 것을 말로 하니 속이 시원할 수도 있고, 기분이 몹시 나쁠 수도 있겠다. 만약 다른 누군가가 당신에게 이런 말을 했다면, 당신은 몹시 화가 나고 그 사람과 다시는 이야기 하고 싶지 않을 것이다.

문제는 당신 스스로 이런 생각을 하고 있다면 화를 내거나 피하기가 쉽지 않아 상처받기 쉽다. 처음에는 '내가 소심한 것이 아닐까?' '어딘가 남들과 다른 것 같은데. 조금 이상하지 않나?' 하는 의문에서 시작되었을지 모르겠다.

그러다 자꾸 안 좋은 경험을 하면서 '난 소심한 게 분명해' '난 비정상이야'와 같은 생각들이 점점 더 커진다. 그에 따라 수치심과 공포가 더 커진다. 그럼 더 떨게 되고, 더 떨면 비정상이라는 생각이 굳어진다.

최초에 나를 떨게 했던 원인이 사라지고 이제는 떨 이유가 없는데도, 이런 2차적 낙인으로 인한 수치심은 새로운 원인이 되어서 우리의 몸과 마음은 계속 두렵고 위축되고 떨기 쉬운 상태가 된다.

낙인들을 가지게 된 이유

우리는 어떻게 해서 이런 낙인들을 가지게 되었나? 근본적으로는 자본주의 사회가 고도화되어서, 갈수록 사람 사이가 단절되고 불신과 두려움이 커져서 서로 마음속 이야기를 잘 하지 않기 때문이다. 서로 "나 떨려! 넌 안 그러니?"와 같은 이야기들을 솔직하게 나누지 않기 때문에 거의 대부분이 비슷한 두려움을 가지고 있다는 것을 모르고 '나만 떤다'고 생각한다.

더불어 사회 곳곳에 감정을 억압하는 가부장적인 권위주의 문화가 깊숙이 뿌리내리고 있다. 나는 어렸을 때 울면 "사내새끼가 운다!"라고 야단을 맞은 적이 있다. 그리고 아직도 화장실에 가면 '남자가 흘리지 말아야 할 것은 눈물만이 아니다'라는 문구를 본다.

또한 정신적인 문제에 대한 무지에서 비롯되는 두려움도 크다. 최근에는 공황장애나 우울증과 같은 정신과 증상이 대중들에게 많이 알려졌다. 하지만 아직도 많은 사람들은 두려움이 커서 자신에게 정신적 문제가 일어났다는 것을 감추려고 한다.

이는 정신적인 문제를 가진 사람들에 대한 정책적·사회문화적 차별과 폭력이 지속되었기 때문이다. 그리고 정상적인 이들을 정상적이지 않고 나약한 사람으로 낙인을 찍어왔기 때문이다. 게다가 미국 정신의학자들은 이 문제를 '사회공포증'

이나 '회피성 성격장애'라고 피해자에게 불리한 이름을 붙여서 그들을 더 큰 수치심에 빠지게 만들었다.

우리는 이제 이마에 붙은 보이지 않는 주홍글씨를 떼고, 새로운 이름표를 달아야 한다. 그렇다면 어떤 이름을 대신 써야 할까?

늪에 빠진 사람의 딜레마

혈관을 죄는, 즉 '심한 긴장'과 '떨림'을 만들어내는 4가지 행동들이 있다. 이는 기억·상상·생각·이미지다.

우리는 얼굴이 빨개지거나 목소리가 떨릴 때, 이를 숨기거나 없애려고 한다. 그런데 생각처럼 잘 되지 않기 때문에 당황한다.

왜 그럴까? 그것은 우리가 통제하려고 하는 것이 애초에 분명하지 않은 것이기 때문이다. 불안은 '걱정+걱정에 따른 감정+신체적 반응'으로 묶여 있는 복잡한 상태다. 복잡하고 모호하기에 눈에 보이지도 않고, 어떻게 다루기도 어렵다.

우리가 소변이 마려울 때를 생각해보자. 소변을 참다 보면 점점 초조하고 불쾌한 상태가 된다. 이때 우리는 소변을 보려고 서두를 뿐이지, 초조함을 없애거나 숨기려고 하지 않는다.

떨림증도 이와 크게 다르지 않지만, 우리는 떨 때 마치 소변을 보지 않고 소변 때문에 나타나는 떨림을 감추려고 하는 것처럼 행동한다. 더 나아가 늪에서 빠져나가려고 할 때 힘을 주면 더 빠져들듯이, 떨릴 때도 이 감추려는 마음 때문에 긴장을 더해서 더 떨고 만다.

이는 우리 몸과 마음에서 일어나는 떨림을 잘 이해하지 못해서 부끄럽게 여기기 때문이다. 그런데 사실 떨림은 우리에게 매우 필요하고 소중한 에너지 운동이다.

불안이 아니라 '흥분' 에너지다

물 호스에서 물이 진동하는 것은 밖으로 나가려는 에너지다. 모터의 운동으로 물은 압력이 높은 곳에서 압력이 낮은 곳으로 움직인다. 우리가 남들 앞에 설 때도 이와 같은 '흥분'에너지가 발생한다.

첫째, '투쟁-도피' 반응으로 일어나는 흥분이다. 상대가 위협적이고 내가 위험하게 느껴지는 순간, 우리는 맞서 싸우거나 도망가기 위해 몸을 준비해야 한다. 자율신경계의 교감신경이 활성화되면서 몸은 각성상태가 되고, 심장박동은 증가하고 땀이 나는 것처럼 다양한 반응이 나타난다.

둘째, 또 다른 흥분은 중요한 사람들에게 잘 보이고 싶은 마음에서 나온다. 우리에게는 사랑받고 싶거나 인정받고 싶은 마음이 있다. 연인에게 사랑고백을 할 때, 거절에 대한 두려움도 있겠지만 설렘과 들뜬 마음도 있다.

모두 사회생활을 하면서 일어나는 지극히 정상적인 흥분이다. 상황이 중요하게 느껴지는 만큼, 자신감이 부족할수록, 자신을 못마땅하게 느낄수록, 그리고 상황이 어렵거나 상대가 불편할수록 흥분은 점점 강렬해진다. 따라서 이 떨림은 없애야 할 것이 아니라 다음 행동을 위한 기운의 파동이다. 다만 물 호스가 꼬인 것처럼 이 흥분 에너지를 차단하는 심리적 행동들이 있다.

혈관을 죄는 4가지 차단 행동

'심한 긴장'과 '떨림'을 만들어내는 4가지 행동들이 있다. 이는 기억·상상·생각·이미지다. 이것들은 순식간에 나타나기에 저절로 일어나는 것 같지만, 마음을 천천히 살피면 발견할 수 있고, 선택할 수도 있는 마음의 행위다.

기억: 나를 죽이는 기억, 나를 살리는 기억

전에는 떨지 않았는데, 어떤 사건을 기점으로 해서 떠는 사람들이 있다. 최초에 남들 앞에서 심하게 떨고 나면, 그것이 매우 수치스러운 기억으로 남는다. 괴롭기 때문에 자꾸 떠오르는데, 사실은 우리 마음이 괴로운 상황을 다시 겪고 싶지 않기 때문에 문제를 해결하려고 반복적으로 떠올리는 것이다.

문제는 현실에서는 단 한 번의 실패 경험이지만 마음속 현실에서는 되새김질로 인해 수십 번 수백 번 실패한 경험이 된다는 것이다. 이렇게 마음속에서 증폭된 실패 경험은 강렬한 기억이 되고, 그다음 비슷한 상황에서 떠오르면서 '지난번처럼 떨면 어떡하지?' 하는 생각으로 이어진다. 결국 기억이 만든 그 생각 때문에 더 떠는 것이다.

상상: 20년 뒤의 결혼식

우리는 흔히 일어날지 어떨지도 모를 미래를 걱정한다. 바로 몇 분 후에 있을 상황부터 몇십 년 후의 상황까지 상상한다. 이런 상상을 심리학 용어로 '예기불안'이라고 한다. 나는 불과 초등학생 때, 먼 미래에 결혼식을 하게 되면 하객들 사이를 어떻게 지나갈지 그 생각에 눈앞이 깜깜했다. 많은 이들이 실제 상황에서 나타나는 불안보다 이 '예기불안'이 더 고통스럽고, 이로 인해 삶의 질이 떨어진다고 한다.

대부분은 상상할 때 좋은 결과보다 안 좋은 결과를 예상한다. 기억과 마찬가지로 상상하는 순간 그것은 더이상 미래의 일이 아니며 현재에서 일어나는 사건이 된다. 과거나 미래에 경험하는 것과 똑같은 강도로 고통을 경험하지는 않지만, 상상하는 순간 지금 여기에서 몸과 마음에 반응이 나타난다.

생각: 눈치보고 의식하고 신경쓴다

우리는 과거를 기억하고 미래를 상상한다. 그리고 현재에서 일어나는 것을 생각하기도 한다. 누군가와 이야기할 때 '내 말이 두서없지 않나?' '내 말이 지루하게 들리지 않을까?'라는 걱정을 하고 있으면, 점점 더 심장이 두근거리고 대화에 집중하기 어렵다. 이런 걱정을 다른 말로 '눈치본다' '의식한다' '신경쓴다'고 말하기도 한다.

아영은 회사에서 거래처에 전화할 때마다 떨림증에 시달린다. 그녀는 남들이 자기 전화통화를 들으면서 '말도 똑바로 못하는 무능한 사람'이라고 볼까봐 걱정이다. 이런 생각(걱정)이 멈추지 않으니, 정작 통화에 집중하기가 어려웠다.

이미지: 자라 보고 놀란 가슴 솥뚜껑 보고 놀란다

우리가 어떤 강한 고통을 겪었을 때 그 사건에 대한 이미지가 기억 속에 저장된다. '자라 보고 놀란 가슴 솥뚜껑 보고 놀라는'식으로 현재 만나는 이미지가 과거와 상관이 없다고 하더라도 우리는 그것을 과거의 것과 동일하게 느끼며 혐오감이나 공포를 떠올린다.

유명 강사였던 수경 씨는 누군가의 음해를 받은 이후로 강단에 설 때마다 덜덜 떨렸다고 했다. 마주하는 학생들의 이미지가 마치 자신을 음해한 사람의 이미지처럼 느껴져서다. 더 이상 수업을 진행할 수가 없어서 병가를 내고 상담을 받았다.

우리는 4가지 차단 행동에 대해 알아보았다. 이제는 보다 간단해졌다. 불안이라는 보이지 않는 유령과 싸우지 않고 이 4가지 행동만 다룰 수 있다면, 떨림증도 하나의 아름다운 춤이 될 수 있다.

왜

남들 앞에 서면

떨리는 걸까?

사회불안 자조모임 '이미 아름다운 당신'에서 그룹 인터뷰 지원자를 모집했다. 한자리에 모여 어떤 경험을 통해 떨림증이 커지게 되었는지, 지난날을 돌아보며 서로를 이해하는 시간을 가졌다. 이들의 사연을 통해 우리가 어떤 상황과 맥락에 있을 때 떨림증이 생겨나는지를 알 수 있었다.

3장

떨림증 모임에서 만난 친구들의 이야기

남이 널 뭐라고 생각하겠니?

아이들은 어른들의 마음을 꿰뚫어 보기가 힘들다. 어른들이 좋은 마음으로 지적을 해도 아이들은 '내가 못났나?'라는 생각을 한다.

한국 사람들은 눈치를 많이 본다. 유행에 민감하고, 다른 사람들이 나를 어떻게 보는지가 중요하다. 최근에는 남을 신경쓰지 않는 이들도 많이 늘었지만, 아직 대다수의 한국인들은 남의 시선을 걱정하는 것 같다.

한국 사람들은 왜 그렇게 다른 사람들이 어떻게 생각하는지가 중요할까? 나는 사회불안 자조모임인 다음 카페 '이미 아름다운 당신' 회원들과 대화하면서 그들의 성장 과정에서 경험한 것들을 들을 수 있었다. 이들이 어렸을 때 자주 들었던 말들은 다음과 같다.

"너는 왜 그렇게 눈치가 없니?"

"남이 널 뭐라고 생각하겠어?"

"어디 가서 폐를 끼치면 안 된다."

떨림증을 가진 이들의 경험

조금 더 자세한 이야기를 들어보자. 떨림증을 가진 이들은 자라면서 어떤 경험을 했을까? 이들의 이야기를 들으면서 당신은 어떤 말을 들으며 자랐는지, 그리고 그 경험이 어떻게 눈치를 보는 것으로 이어졌는지 알 수 있을 것이다.

준홍 제가 어렸을 때 크게 웃을 때마다 부모님이 그게 뭐냐고 자주 지적을 했어요. 그러다 보니 친구들 앞에서 웃으면 안 된다고 생각했고, 웃겨도 웃지 않으려고 얼굴에 힘을 주니 표정이 더 안 좋아졌죠.

학교 친구들에게 "너 표정이 왜 그래?"라는 말을 자주 들었어요. 그 말을 들으니 긴장이 돼서 얼굴은 더 굳어졌고, 남들이 저를 안 좋게 볼 것 같다는 생각이 들었어요. 그러니 밖에 나가는 일도 점점 더 꺼리게 되었고요.

정미 어렸을 때 집에서 목소리를 크게 내면 야단을 맞았어요. 엄마가 아프셔서 누워 있는 날이 많았어요. 그래서 시끄럽게 떠들거나 웃기도 어려웠고요. 그렇게 소리를 작게 내는 습관이 들어서 밖에서도 목소리를 크게 낼 수가 없었죠.
어느 날은 학교 수업시간에 국어책을 읽을 차례가 되었는데, 선생님께서 제 목소리가 작다고 지적을 했어요. 가뜩이나 목소리도 잘 나오지 않았는데 지적까지 받으니 목소리가 마치 우는 소리처럼 떨리더라고요.

원준 아버지가 원래 좀 보수적이셨어요. 밖에 나가면 자식이 남들에게 잘 보이는가를 엄청 신경쓰시는 것이 보였어요. 어떤 행동과 말은 정상적인 것이고 어떤 것은 비정상적이라는 말씀도 자주 하셨고요.

미진 저는 어렸을 때부터 사람들 앞에 서는 것이 두려웠어요. 앉아서 책을 읽는 것조차 떨면서 했어요. 저에게 시선이 집중되는 것도 부담스러워서 일대일로만 대화하려고 했고요.
부모님께서 사랑한다는 표현을 안 해주시고, 잘못한 점이나 고칠 점만 많이 지적하니까 부모님이 나를 미워한다고 느껴졌어요. 부모님이 그러니 다른 사람들도 나를 미워할 거라는 생각을 했고요.

미진의 부모가 정말 미진을 미워했을까? 그건 우리가 알 수 없다. 미워했을 수도 있고, 아끼는 마음에서 잘되라고 그렇게 했을 수도 있다. 지적이 진정한 사랑의 표현이라고 생각하는 부모들도 꽤 많으니 말이다.

다만 아이들은 어른들의 마음을 꿰뚫어 보기가 힘들다. 어른들이 좋은 마음으로 지적을 해도 아이들은 자꾸 지적을 받으면 '내가 못났나?' 하는 생각을 하게 된다. 어른들의 의도와는 상관없이 더 위축되어서 점점 더 못하게 되는 안타까운 일이 일어난다.

왜 이렇게 어른들은 남의 눈을 신경쓰다 못해 아이들에게 과도하게 지적하고 야단을 치는 것일까? 이런 어른들이 왜 이리 많을까? 이는 유교 문화, 일제시대, 전후 군대식 권위주의 사회를 거쳐온 역사적 맥락에 그 원인이 있다. 여기에 대해 할 말이 참 많지만, 이 장에서는 사람들이 직접 말한 이야기들로 채워보고자 한다.

어떻게 남 앞에 당당하게 나설 수 있겠어?

학력차별 사회에서 살아가는 사람은 부끄러움을 느끼기 쉽고, 그 마음이 몸으로 드러난 것이 떨림증이다.

만약 어른들에게 "창가에는 제라늄 꽃이 피어 있고, 지붕에는 비둘기들이 놀고 있는 아름다운 분홍빛의 벽돌집을 보았어요"라고 말하면, 그들은 그 집이 어떤 집인지 관심도 없다. 하지만 그들에게 "몇십 만 프랑짜리, 몇 평의 집을 보았어요"라고 말하면, "참 좋은 집이구나!" 하고 감탄하며 소리친다.

— 생텍쥐베리 『어린왕자』 중에서

동화에서처럼 우리나라의 많은 어른들도 아이들의 본질을 보려고 하지 않는다. 다른 면을 보려고 하기보다 공부를 얼마나 잘하는지를 중요하게 여긴다. 아이들이 친구를 사귀면 어른들은 "그 친구는 공부 잘하니?"라고 묻는다.

공부를 못하면 차별받고 무시당한다

이런 어른들의 답답한 행동은 이 사회가 그만큼 학력차별이 심해서 그렇다. 선희 씨의 이야기를 들어보자.

> "서울대에 지원했었는데 떨어졌죠. 설이 끼어 있어 할머니가 계신 대구에 내렸는데, 떨어졌다는 전화를 받고서 눈물을 흘리고 있었어요. 할머니가 뭐가 잘나서 우냐고, 밥 먹을 생각도 하지 말라고 그러셨어요. 저는 할머니를 이해하려고 무던히도 애썼어요. 가족이니 미워할 수도 없고…. 그런데 '할머니가 기대가 컸으니까 그러셨겠지'라고 이해를 하려고 해도 미운 거죠. 어떻게 나한테 그렇게 말할 수 있나 싶었어요. 결국 울다가 못 견디고 짐을 싸서 외가로 갔어요."

선희 씨의 이야기처럼 많은 청소년들이 공부를 못하면 차별받고 무시당한다. 명절 때 여러 집 아이들이 모이면 어른들은 공부를 잘하는 아이에게 "공부 잘하니? 몇 등 하니?"라고 묻는다. 반면에 공부 못하는 아이들에게는 잘 묻지도 않는다.

잘하는 아이들은 아이들대로 어른들의 기대가 부담스럽다. 이미 잘하는 줄 알기 때문에 더 잘해야 할 것만 같다. '좋은 대학을 못 가면 어떡하지?' 하는 두려움이 생기고, 용돈을 받아도 왠지 공부를 잘하는 것으로 보답하지 못하면 안 될 것 같은, 마치 빚쟁이가 된 기분에 마음 한구석이 영 불안하다.

반대로 공부를 못하는 아이들은 어른들이 자기에게 묻지도 않아서 상처가 된다. 공부 잘하는 아이가 놀러나가면 "그래, 어떻게 공부만 하겠니? 나가서 놀기도 해야지" 하고, 공부 못하는 아이가 친구를 만난다고 하면 "그럼 공부는 언제 하니?"라고 한다. 성적표가 나와도 잘하는 아이한테는 야단을 치고, 못하는 아이한테는 야단도 치지 않는다. 이러면 공부 못하는 아이들은 '부모가 날 포기했구나' '내겐 관심도 없구나'라고 생각하기 쉽다.

아이들이 대학을 가면 다음과 같은 일들도 일어난다. 아이들을 가르치는 소영 씨와 이야기를 나누다가 다음과 같은 이야기가 나왔다.

“저번에 한 부모님이 ‘우리 딸은 연고대를 갈 수 있었는데, 장학금 받으려고 수준을 낮춰서 여기 갔어요’라고 했어요. 부모의 체면 때문에 애들을 졸지에 다 거짓말쟁이로 만들어놔요. 그러니 아이가 어떻게 사람들 앞에 나설 때 당당할 수 있겠어요? 아는 사람들 앞에서 절대 당당할 수 없죠. 당연히 사람들을 만나기가 싫을 거고. 그러다 보면 습관이 되어 서먹서먹해서 또 싫을 거고. 어쩌다 만나면 할 말이 없어서 더 싫을 텐데…. 그 사소함이 쌓이고 풀지 못한 시간이 길어지면, 그게 불안증이 되고 우울증이 되는 거죠.”

서울에 캠퍼스가 있고, 다른 지역에 2캠퍼스가 있는 학교에 다니는 아이들도 이런 고통을 받는다. 부모는 지방 캠퍼스에 다니는 것을 친지들이나 친구들에게 감춘다.

이를테면 부모가 “우리 애가 고대 갔어요”라고 말하면 다른 어른들은 “와 대단한데? 공부 잘했구나!”라고 반응한다. 아이는 고대에 간 것이 맞기 때문에 “아니에요”라고 말하기도 그렇고, 다른 사람들이 높게 평가하는 서울 캠퍼스의 고대가 아니기 때문에 “그래요”라고도 말 못하는 딜레마에 빠진다.

한편 같은 학교 내에서도 정시생, 수시생, 편입생에 대한 차별이 존재한다.

> 상당수 학생들은 벌레를 뜻하는 '충(蟲)'이라는 단어와 입시전형 등을 연결시켜 동료들을 '수시충' '편입충'이라 부르며 조롱하는 등 학내 서열화를 부추기고 있다.
>
> — 〈세계일보〉(2013.11.18.)

대학을 졸업해서도 따라다니는 학벌 문제

대학을 나와 직장에 들어 가도 학벌 문제는 계속 따라다닌다. 직장인 수빈의 이야기를 들어보자.

"우리나라는 직장에서도 학력을 우선시하기 때문에 기대치가 있어요. 그 기대치를 충족시키지 못하면 '어디씩이나 나와서 별반 다를 게 없네' 하고, 반대로 잘하면 '어디 나왔으니까 그렇지'라고 해요. '그 사람 잘하네' 하지 않고요. '저 사람이 어느 대학을 나왔으니까 잘하지', 이런 식이에요. 그래서 잘해야 본전이에요. '학력이 안 되면 노력이라도 해야지'라는 말이 나오고, 못하면 '역시 그럼 그렇지'라고 이야기해요. 그 사람한테는 이 자리가 과하다든지, 역시 일 못한다든지."

이렇게 우리는 평생 학벌 때문에 비교를 당하고 평가받는다. 결국 학벌중심 사회에서 남 앞에 당당히 서기가 어렵다. 이미 피라미드의 높은 곳에 있어도 그보다 더 높은 곳에 있는 사람과 비교된다. 낮은 곳에 있으면 있는 대로 무시를 당하거나 상처받을 일이 많다.

따라서 학력차별 사회에서 살아가는 사람은 누구나 부끄러움을 느끼기 쉽고, 그 마음이 깊어질수록 마음과 연결된 몸으로 나타나는 것이 떨림증이다.

내가 한 말 때문에 사이가 멀어질까봐 두려웠어요

누군가에게 공격당하거나 버림받을지는 알 수 없다. 때문에 누군가가 다가와주길 바라면서도 자신은 적극적으로 다가가기가 어렵다.

대학생 세진은 학교에 가거나 대중교통을 이용할 때 남과 시선을 마주치는 것을 두려워한다. 그녀는 이유를 알 수 없이 무섭다고 했다. 나는 그녀에게 언제부터 그렇게 되었는지 물어보았다. 그랬더니 세진은 고등학교 시절을 이야기해주었다.

"제가 학창시절에 따돌림을 당한 적이 있었어요. 그 후로는 친구들과 잘 섞여서 놀지 못했지요. 항상 마음에는 벽이 있었고, 친구들에게 버림받을까봐 두려운 마음도 많았어요. 그러니 친구들과도 잘 어울릴 수 없었죠. 친구가 없다는 생각, 왕따를 당한다는 생각이 들 때면 수치심이 들었고, 자존심도 많이 다쳤어요."

왕따 혹은 은따를 당하고 나면 사람이 무서워지는 것이 당연하다. 항상 버림받을지도 모른다는 불안감에 위축되어 제대로 표현하지 못한다. 그로 인해 친구들 사이에 잘 끼지 못하고 겉돈다. 또다시 누군가에게 공격당하거나 버림받을지 알 수 없기 때문에, 누군가가 다가와주길 바라면서도 자신은 적극적으로 다가가기가 어려워진다.

서열화된 교육구조가 불러온 현상들

『학교를 넘어서』의 저자 이한은 '왕따 현상은 서열화된 교육 구조에서 나타나는 필연적인 현상'이라고 말했다. 높은 곳의 자리는 한정되어 있고 경쟁하는 사람들은 많기 때문에 인간적으로 승부해서는 도태되기 쉽다.

학교를 포함한 사회 전체가 과정보다는 결과를, 효과보다는 효율을 더 중시한다. 그렇기에 남을 짓밟고 올라가는 것이 자연스럽다. 안타깝지만 이 시스템에서는 학교 폭력과 따돌림이 더욱 증가하고, 따돌림이 당연한 귀결인 셈이다.

특히 이런 현상은 경쟁이 치열한 특목고, 자사고, 예술고에 다니는 아이들에게서 더욱 두드러진다. 예술고를 다닌 민정의 이야기를 들어보자.

"예술고등학교를 갔는데 실기시험을 앞두면 친구 사이에도 경쟁 때문에 갈등이 생기는 거예요. 예를 들면 어떤 친구가 바이올린을 연주하고 나와서 울었어요. 그래서 '나도 많이 못했어'라며 친구를 달랬어요. 그런데 친구보다 내 실기 점수가 높게 나오니, 그 친구는 '너 나보다 못했다고 하더니 점수가 잘 나오니 즐거워?'라고 하는 거예요. 결국 싸웠고 그 뒤로 어떤 말을 해줘야 할지 몰랐어요. 그 후 대학에 들어가서 새롭게 친구를 사귀었는데, 제 감정을 표현할 수 없었어요. 혹시 내가 하는 말 때문에 '친구에게 상처가 될까, 폐를 끼치지 않을까, 멀어지지 않을까' 하는 불안감이 항상 있었어요."

이런 분위기는 학교 밖도 마찬가지다. 직장인 현석은 매우 유능했고 실적도 좋았다. 남들 앞에서도 말을 유창하게 잘하는 사람이었다. 그런데 이를 시기한 동료가 그를 험담하기 시작했다. 이후 현석은 그 동료와 비슷한 인상을 가진 사람 앞에서 가슴이 떨리기 시작했다. 그러다가 점점 다른 사람들 앞에서도 떨게 되었다.

이런 학교 안팎의 모습은 과거에도 있었다. 다만 요즘이 전보다 더 심해진 것 같다. 필자는 1996년도에 대학을 들어갔는데, 동기들이 시험을 볼 때 서로 필기한 것을 복사해서 돌려보곤 했던 기억이 난다. 그러다 1997년도에 상대평가가 대학에 도입되었는데, 이것이 서로 돕는 문화를 파괴하는 주범이 되었다. 상대평가 이후에는 필기한 것을 서로 보여주지 않고, 질투하고 시기하는 풍조가 생겼다고 들었다.

또 이 시기는 현대사의 비극인 IMF와 겹친다. 1997년 이후로 취업을 해야 했던 이들은 극심한 취업난 속에서 엄청난 경쟁을 통과해야 하는 고통을 겪었다. 갈수록 심해지는 경쟁 속에서 동반 상승하는 갈등과 폭력이 점점 무서운 사회를 만들었다.

이런 배경 때문에 사람들은 점점 더 타인을 두렵게 느낀다. 그 결과 나의 말 한 마디나 행동이 더욱더 조심스러울 수밖에 없다.

해본 적이 없어서 어떻게 해야 할지 모르겠어요

가정, 학교, 직장, 사회 등 다양한 공동체들은 일의 효율보다는 그 안에 있는 사람을 소중하게 대하는 문화를 만들어야 한다.

고등학생인 경훈은 떨림증이 나타난 주된 원인으로 부모님의 과잉보호를 꼽았다. 어렸을 때부터 사소한 것 하나하나 부모님이 챙겨주었다. 그래서 스스로 무언가를 할 필요가 없었다.

상급학교에 진학하면서 스스로 헤쳐가야 할 상황이 많아졌다. 따라서 경훈은 사회생활이 점점 더 두려워지고, 어찌할 바를 몰라서 당황스러울 때가 늘어났다.

경훈뿐 아니라 요즘 많은 청소년들이 비슷한 이야기를 한다. 그들은 비교적 덜 적극적이어도 되는 고등학교 때까지는 문제가 없다가, 아는 친구들이 없는 대학교에 진학하거나 사회생활을 시작할 때 사람들에게 어떻게 다가가고 말해야 할지 모르겠고 심하게 불안하다고 호소한다.

부모님의 과잉보호가 불러온 떨림증

중학생을 가르치는 미현은 다음과 같이 말했다.

"요즘 부모들은 과잉보호를 한다는 생각 자체를 전혀 하지 않아요. 아이들이 무엇을 물었을 때 조금만 알려주고 스스로 생각해보도록 해야 하는데, 우리나라 부모들은 바로 답을 말해줘요. 보기에 미안하고 안쓰러우니까, 아이가 생각하고 판단할 시간 자체를 허락하지 않는 거죠. 답을 가르쳐주기 때문에 아이는 굳이 생각할 이유도, 어떤 고난을 겪을 이유도 없고, 홀로 설 이유도 없어요. 그래서 아이들이 더 의존적이 되고 자신감이 없어지는 게 아닐까요?"

요즘 부모들은 미현의 말처럼 아이들에 대한 미안함과 안쓰러움이 많은 듯하다. 한두 명만 낳아서 기르다 보니 이전 세대들보다 아이에게 더 많은 것을 쏟아붓는다. 또 맞벌이를 하는 부모들은 자신이 아이를 잘 돌보지 못한다는 미안함 때문에 아이가 원하는 것을 더 들어줄 수밖에 없다고 한다.

여기에 과열된 교육열기도 한몫한다. 다른 집 아이에게 뒤쳐지지 않으려고 부모는 아이들이 스스로 하는 것을 기다려줄 틈이 없다. 조기교육으로 시작해서 거의 모든 학교 과목에 사교육이 확산된 지 오래다.

부모의 판단에 따라 아이는 이 학원 저 학원을 쉼 없이 오가며 혹사당한다. 여기에 아이들의 욕구나 자율이 끼어들 틈은 없다. 부모들은 '남들이 하는 것을 안 하면 우리 아이만 뒤쳐지지는 않을까' 하는 두려움이 크다.

복잡해진 입시전형과 학교평가 체계도 여기에 한몫을 한다. 학력고사 시절에는 해야 할 것들이 지금보다 단순했고, 부모가 끼어들 부분도 적었다. 그러나 최근에는 입시전형이 다양해지고 좋은 대학을 가기가 더 까다로워지면서 부모가 신경써야 하는 부분들도 늘어났다.

수행평가, 공모전, 자원봉사 등 일종의 스펙관리를 위해 정보에 발 빠른 부모들이 나선다. 부모가 정보를 알아봐주는 것은 물론 과제를 대신하거나 돈을 주고 대신해줄 사람을 구하기도 한다.

경험부족에서 오는 개인의 문제들

경훈은 상담을 통해서 자신의 문제가 성격이 이상해서가 아니라 경험부족에서 온 것이라는 것을 깨닫고는 조금씩 경험을 넓혀가기 시작했다. 그룹상담을 하면서 자신의 생각과 감정을 있는 그대로 표현해보는 연습을 했다. 그러면서 사람들의 칭찬과 지지를 받았고, 점차 자신감을 쌓아가기 시작했다.

그리고 두려워서 가지 않던 곳도 가고, 낯선 사람들과도 한두 마디 해보고, 식사 약속도 잡으면서 새로운 경험을 쌓아가고 있다. 그 과정에서 몹시 불안하기도 하고 좌절하는 일도 있었지만, 자신이 걱정했던 것보다 훨씬 더 잘해낼 수 있다는 것을 깨달았다.

경훈은 상담을 어느 정도 한 후에 내게 독립 의사를 표현했다. 이제는 상담을 그만두고 혼자의 힘으로 해보고 싶고, 많이 힘들겠지만 그래도 스스로 극복해나가고 싶다고 말이다.

나는 그런 경훈의 각오가 참 반가웠다. 앞으로 힘든 경험도 할 것을 생각하니 마음이 짠하기도 했지만, 한편으로는 그가 잘 헤쳐나갈 것이라는 믿음도 있었다. 그리고 나를 포함한 기성세대들이 해야 할 일을 생각하면 마음이 무거워지기도 했다.

경훈과 같은 이들이 스스로 무언가를 해볼 수 있는 기회, 여유 속에서 자신감을 찾을 수 있는 환경을 만드는 노력은 결코 경훈과 같은 젊은이들 혼자서 해야 할 일이 아니다. 그들을 둘러싼 가정, 학교, 직장, 사회 등 다양한 공동체들이 일의 효율보다는 그 안에 있는 사람을 소중하게 대하는 문화를 만들어야 한다.

나는 객관적으로 못생긴 걸까?

외모로 사람을 평가하는 세상에 어떤 준비 없이 나가기란 위험할 수 있다.
마음이 준비되기 전까지 가만히 웅크리고 있는 게 필요할 수 있다.

돌이켜보면 필자의 떨림증은 외모 콤플렉스가 한몫했다. 초등학교 1학년을 마치고 대전에서 서울로 전학을 갔다. 낯선 환경이라서 남의 눈치를 더 보기 시작했다. 게다가 여자아이들에게 잘 보이고 싶은 마음이 커서 더 긴장했다.

머리 모양이 맘에 안 들면 스트레스를 많이 받았고, 입고 있는 옷이 허름하게 느껴지면 왠지 남들이 촌스럽다고 안 좋게 볼 것 같았다.

또 나는 또래에 비해 왜소한 체구를 지녀서 "왜 그렇게 말랐어. 살 좀 쪄야겠다"라는 이야기를 많이 들었다. 그런 말을 들으니 어깨가 움츠러들었다. 특히 여자아이들 앞을 지날 때면 얼굴이 빨개지거나 고개를 숙이게 되었다. 그래서인지 국어책을 낭독하거나 음악 시간에 노래를 부를 때 더 긴장해서 떨곤 했다.

게다가 나는 사람들의 외모를 깔보곤 했었다. 부끄러운 고백을 하나 하자면, 고등학교 시절 어떤 날엔 친구들과 함께 지나가는 또래들의 외모를 평가하며 흉봤던 적도 있었다. 그랬기에 남들도 내가 하던 것처럼 똑같이 나를 볼 것 같아서 두려웠다.

나는 이것이 젊은이들의 문제라고 생각하지 않는다. 그들이 자신의 외모를 좋게 생각할 수 없게 만든 기성세대가 반성하고 대안을 제시해야 한다.

외모 중심 사회에서의 외모 콤플렉스

이러한 외모 콤플렉스는 어떤 객관적인 기준에 따라 정해지기보다 우리가 처한 상황과 맥락에 따라 결정된다. 산업자본주의 시대에 이르러서 성을 상품화하는 경향이 극에 이르렀고, 특히 우리나라는 세계적으로도 수위를 다투는 외모 중심 사회라서 더 그렇다.

대학 시절에 독일에서 온 교수님 한 분이 한국 학생들을 보면서 '이 학교는 부잣집 아이들이 많이 다니네'라고 생각했단다. 우리나라에서는 평범한 차림새가 교수님의 눈에는 사치스럽게 보였던 것이다.

나는 해외여행을 다니면서 한국 사람들이 외국인들보다 체중에 민감하고, 옷과 화장에 신경을 많이 쓴다는 것을 알게 되었다.

나는 이것이 전적으로 기업의 채용 문화나 매스미디어의 영향 때문이라고 생각한다. 사람들이 무언가를 비교하고 평가하려면 기준이 있어야 하는데, 기업과 매스미디어가 앞장서서 이를 조장하니 국민들은 콤플렉스가 심해진다.

최근에는 여성뿐 아니라 남성도 외모에 민감하다. 성형하거나 화장하는 남자가 몇 년 새 크게 늘었다. 상담소에도 전보다 성형고민을 꺼내는 남성이 늘었다. 내가 보기에는 괜찮은데 본인은 자신을 굉장히 추하다고 생각하는 것을 보고 참 안타까웠다.

성형을 해도 문제다. 물론 성형 덕분에 자신감을 찾은 이도 있다. 그런데 성형 후에도 여전히 괴로워하는 사람들이 많다.

원하는 대로 되지 않아서 계속 성형하는 이들도 있는데, 내 생각에는 아무리 수술이 잘 되어도 그들이 만족하기란 쉬울 것 같지 않다.

그것은 성형의 문제가 아니라 자신에게서 맘에 안 드는 부분을 찾아내는 데 집중하고 있는 마음의 문제이기 때문이다. 자꾸만 자신의 모습을 안 좋게 보니, 보면 볼수록 맘에 안 드는 부분이 늘어날 수밖에 없다.

어떤 이들은 성형에 대한 죄책감에 시달린다. 예전의 자기 모습이 더 나았다고 후회하기도 하고, 남들이 성형했다고 비웃을까봐 두렵다.

외모로 고통받는 젊은이들

이렇게 외모로 고통받는 젊은이들이 늘어가고 있다. 오랜 세월 집밖에 나가기를 거부했던 정현은 그 당시의 무기력함이 자신의 또 다른 의사표현의 방법이었다고 말한다.

"중학교에 올라갈 때 도시로 이사를 갔어요. 제 비대칭 얼굴 때문에 조롱 섞인 놀림을 심하게 받았죠. 오직 외모 때문에요.

집에서 부모님께도 말하기가 꺼려졌어요. 부모님께서는 '왜 이렇게 집에만 있니? 왜 무기력하게 있니? 나가서 운동 좀 해라. 친구들 좀 만나라' 이런 말씀들을 하셨어요. 그때 제가 알면 그렇게 있었겠냐고요. 모르니까 그랬죠. 무기력함은 자기 의사를 정확하게 표현하고 있는데, 어머니는 그것을 몰라주셨어요. 저는 어쩔 줄 모르니까 집에만 있었던 거고요."

나는 '무기력이 자신의 의사를 정확하게 표현하고 있었다'는 말에 고개를 끄덕였다. 외모로 사람을 평가하는 세상에 어떤 준비 없이 나가기란 위험할 수 있다. 마음이 준비되기 전까지 가만히 웅크리고 있는 게 필요할 수 있다.

내가 한 말 때문에

사이가 멀어질까봐

두려웠어요.

떨림증, 어떻게 해결해야 할까? 사람이 두려운 내가 남들 앞에서 덜덜 떨면서, 눈물 콧물 흘리며 경험한 것들을 담았다. 공연장이나 길거리에서 연극이나 노래 공연을 하며 얻은 깨달음과 수많은 강연과 모임 진행에서 얻은 노하우를 담았다. 심리학의 도움도 있었고, 주변의 생활인들이 나를 가르쳐주었다. 수십 년을 발로 뛰며 얻은 보물들을 여러분께 나누고자 한다.

4장

떨림증을 이기는 심리학

떨림을 주유구에 넣고 부웅 달려요!

떨림을 억누르기보다 적절히 활용하면 적당한 대화의 소재가 되고, 관계를 좀더 발전시키는 밑거름이 된다.

떠는 것은 정상적인 흥분이고, 이를 억누르기보다 활용할 때 더 좋은 결과를 낳는다고 앞서 말했다. 발표 준비를 하는 사람이라면 심장이 두근거릴 때 더 열심히 준비할 수 있다. 또한 흥분은 유머로 활용할 수 있다.

내가 아는 한 선생님은 강의실에 들어갈 때면 문고리를 잡고 울고 싶을 정도로 떨린다고 한다. 다만 그녀는 강의실에 들어가서 떨리는 심정을 학생들에게 솔직하게 이야기하면서, 자신이 알고 있는 하나라도 여러분에게 도움이 되었으면 좋겠다고 말한다.

그런 그녀의 떨림이 청중에게는 열의와 진심으로 다가간다. 아무런 긴장감 없이 시작하는 강사보다 그런 진심이 청중에게 더 감동을 주는 것이다.

어색하고 긴장되는 것은 당연하다

필자는 내담자가 처음으로 상담소에 방문하면 몹시 긴장한다. 잘 보이고 싶은 마음이 크기 때문이다. 이럴 때 떨림을 숨기려고 하면 들킬까봐 더 두려울 수 있기 때문에 차라리 솔직하게 말해서 서로의 친밀감을 쌓는 소재로 이용한다.

대령 상담소에 처음 오셨는데 기분이 어떠세요?

연우 좀 어색하고 그러네요.

대령 그렇죠? 저도 많이 어색하네요. 처음이라 당연한 것 같아요. 얘기를 나누다 보면 서로 편해지겠죠?

어떤 경우에는 어색함이 아주 적당한 대화의 주제가 되기도 한다. 약 15년 만에 고등학교 동창을 거리에서 만난 적이 있었다. 몹시 반갑고 기쁘면서도 동시에 참 어색하기도 했다.

그래서 나는 “정말 오랜만이다. 오랜만에 봐서 그런지 참 어색하구나”라고 웃으며 말했다. 그 친구도 “그렇지. 나도 참 어색하네”라고 했다.

어떻게 말해야 할지 당황스러울 때도 있다. 이럴 때는 그 마음을 있는 그대로 전달하는 것이 적절하다. 장례식장에서는 선불리 상대방을 위로하기도 어렵다. 그렇다고 아무 말 안 하기도 그렇다. 이럴 때 사람들은 흔히 “뭐라고 말씀을 드려야 할지 모르겠네요”라고 말한다.

이렇게 어색하고, 긴장되고, 떨리는 것은 당연한 것이다. 오히려 이를 적절히 활용하면 대화의 적당한 소재가 되고, 관계를 좀더 발전시키는 밑거름이 된다. 앞에서 말한 것 이외에도 떨림을 다양하게 활용할 방법이 있을 것이다.

호기심이 너를 구원할 거야

어린아이의 호기심을 가지고 내 마음을 살펴보자. 자신의 마음속에 무엇이 떠오르는지 발견할 수 있을 것이다.

나는 어렸을 때 겁이 많아서 귀신을 무서워했다. 혼자서 어두운 골목길을 지나거나 사람이 별로 안 다니는 화장실에 들어갈 때도 무척 긴장했다. 화장실 문을 나올 때면 뒤에서 귀신이 내 목덜미라도 잡을까봐 겁이 나서 후다닥 뛰쳐나오곤 했다.

그러다가 나는 대처법을 하나 찾아냈다. 화장실을 나올 때 뒷걸음치면서 귀신이 정말 나오나 안 나오나 살피는 것이었다. 그렇게 하니 훨씬 더 두려움이 줄었다. 이때 나는 보이지 않는 것이 가장 무서운 것이라는 사실을 알게 되었다.

마음이 불안할 때도 이 방법을 활용하는 것이 좋다. 우리는 두려운 대상이 잘 보이지 않을 때가 가장 무섭다. 모를수록 상상 속에서 공포는 부풀고, 어떻게 대처해야 할지 알 수 없기 때문에 더 불안하다.

마음속에 두려움을 일으키는 것들을 알아차리자

두려움을 일으키는 것들은 기억·생각·상상·이미지다. 이런 것들을 알아차리는 것만으로도 마음이 편해진다.

혜림은 남들과 시선을 잘 마주치지 못했고, 긴장이 되어서 무슨 말을 할지 생각이 잘 나지 않는다고 했다. 대학교에 입학해서 첫 MT를 갔는데, 말 한마디도 못하고 얼굴이 내내 굳어져서 죽고 싶은 심정이었다. 그녀가 긴장하고 떨기 전에 마음에 어떤 일이 일어났는지 알기 위해 다음과 같이 질문했다.

대령 평소에는 잘하셨는데, 단지 긴장해서 못하신 것 같아요. 그때 어떤 걱정 때문에 긴장이 되었나요?

혜림 제가 재미있게 말을 잘 못하니까 사람들이 지루해하고, 같이 이야기하기 싫어할 것 같았어요.

대령 '말을 재미있게 해야 할 것 같다'고 생각하셨네요. 그렇게 생각하면 저도 긴장될 것 같아요. 그런데 혜림 씨는 말을 재미있게 하는 게 중요한 것 같아요. 살면서 말을 재미있게 하는 게 왜 중요하게 되었어요?

혜림 제 언니가 말을 재미있게 잘해서 인기가 많았거든요. 어렸을 때부터 저는 그런 언니가 부러웠고, 말을 재미있게 해야 사람들이 날 좋아할 거라고 생각해왔어요.

이 대화를 통해 우리는 막연했던 공포의 실체에 좀더 가까이 다가갈 수 있었다. 막연한 이름의 '사회공포증'이 아니라 재미있게 말해야 한다는 부담감이 컸던 것이다.

이유를 알게 되니 어떻게 할지는 보다 쉬워졌다. 그리고 나는 그녀가 이미 재미있게 말하고 있다는 사실을 발견했다. 그녀가 자신의 마음을 솔직하게 이야기하니 나는 그 마음을 생생하게 느낄 수 있었고, 나도 그런 두려움을 가지고 있었기에 공감이 되었다. 공감이 되니 함께 웃으며 이야기 나눌 수 있었고, 나는 이것이 소박하지만 편안한 유머감각이라고 생각했다.

어린아이의 호기심으로 내 마음을 살피자

나는 혜림에게 그녀가 가진 유머감각을 말해주었다. 그러자 그녀는 처음에는 어리둥절했다. 물론 그녀는 내가 그녀와 함께 느끼는 대화의 즐거움을 다 알아차리지는 못했을 것이다. 아마도 그녀가 스스로 재미있는 사람이라는 것을 알게 되려면, 이렇게 즐겁게 대화를 나누는 시간이 더 필요할 것이다.

어린아이의 호기심으로 내 마음을 살펴보자. '아, 내가 지금 얼굴이 빨개지고 진땀이 나고 있구나. 지금 무슨 걱정을 하고 있지?' 처음에는 무슨 걱정을 했는지 알아차리기 어려울 수 있다. 그래도 계속 살펴보면, 자신의 마음속에 무엇이 떠오르는지 발견할 수 있을 것이다.

떨리는 상황에서 알아차리기 어렵다면, 떨리지 않는 상황에서 그 순간을 상상하면 된다. 이를테면 발표 상황에서 긴장이 된다면 그 장면을 떠올리면서 '내가 지금 무슨 걱정을 하고 있지?' '내가 사람들을 어떻게 느끼고 있지?' 하고 살펴볼 수 있다.

그 과정을 통해 '아, 나는 사람들의 시선이 냉랭하다고 느끼는구나' '사람들이 내 이야기를 지루하다고 생각하지 않을까?' 하는 걱정들을 알아차릴 수 있다.

충돌방지 브레이크,
'멈풀연 명상법'

대화 상황이라면 상대방의 말에 집중하는 게 좋다. 말하는 이의 표정, 목소리, 행동을 잘 보고 들을수록 긴장이 풀린다.

'멈풀연'은 '멈추고-풀고-연다'를 줄인 말이다. 이는 영어로는 'PRO(Pause-Relax-Open)'라고 한다. 한국의 김정규 박사와 미국 명상가인 그레고리 크레머(Gregory Kramer)가 함께 쓴 「통찰대화명상(Insight dialog meditation)」이란 논문에 소개된 방법이다.

이 멈풀연은 아주 단순한 방법이지만 떨림증이 찾아오는 순간마다 반복해서 하다 보면, 떨림도 줄어들고 좀더 '지금-여기'에 집중할 수 있도록 도와준다.

떨림이 줄어드는 멈풀연 3단계

떨림이 줄어드는 몸풀연 3단계를 구체적으로 살펴보자.

1단계: Pause(멈추고)

남들 앞에 설 때면 우리는 이런저런 걱정을 한다. 물론 걱정은 필요하다. 다만 적절한 준비나 행동에 필요한 걱정 이외에는 멈추는 것이 좋다. 걱정은 긴장을 일으키고 떨림을 증폭시키기 때문이다.

이를 멈추기 위해서 일단 내게 일어나는 마음의 현상(4가지 차단 행동)들을 알아차려야 한다. '내가 이 생각을 하고 있구나' 하고 알아차리는 순간, 그 생각은 잠시 멈추게 된다. 효과를 더하기 위해 '잠깐' 하고 속으로 외친다.

2단계: Relax(풀고)

긴장을 풀기 위해 숨을 천천히 쉰다. 알아차림만으로는 긴장이 풀리지 않기 때문에 알아차린 후 곧바로 숨을 들이마시고 내쉬는 것에 집중하면서 긴장을 풀어야 한다. 4~6초 정도면 적당할 것이다. 이완되는 느낌에 집중하면 긴장이 더 잘 풀리는 것을 알 수 있다. 들숨보다 날숨을 길게 내뱉는다.

3단계: Open(연다)

숨을 쉬고 잠시 긴장을 푸는 것만으로는 걱정을 떨치기가 쉽지 않다. 곧 다시 걱정이 떠오르기 때문이다. 마음의 감옥에서 풀려난 지 채 몇 초도 되지 않아 다시 붙잡혀 들어가는 모습이랄까?

그 이유는 비유하자면 폐쇄된 공간에서 방귀를 계속 뀌는 것과 같다. 그 공간 안에서는 무엇을 해도 한계가 있다. 해결하려면 창문을 열어서 새로운 공기를 마셔야 한다. 마음도 마찬가지다. 마음에도 창문이 있는데, 이는 우리 몸이 바깥세상을 느끼는 5가지 감각(시각·청각·후각·미각·촉각)이다.

그런데 왜 감각에 집중해야 할까? '생각=긴장'이고, '감각=이완'이기 때문이다. 우리가 주로 어떨 때 행복한지를 살펴보면 답이 쉽게 나온다. 무언가를 골똘하게 생각할 때보다는 감각활동을 할 때 보다 편안해진다. 바둑처럼 생각을 주로 사용하는 취미활동도 있지만, 즐거움을 주는 대부분의 행위들은 보고, 듣고, 냄새 맡고, 맛보고, 촉감으로 느끼는 활동들이다.

더불어 우리의 뇌는 2가지를 동시에 하기 어렵다. 감각에 집중할수록 생각이 사라지고 마음이 편안해진다.

실제 상황에서 멈풀연 적용하기

발표 상황을 상상해보자. 청중들을 보니 머리가 하얘지고, 가슴은 심하게 벌렁거린다. '아, 또 떨리네. 발표를 망치면 어떡하지?'와 같은 걱정이 솟아오르는 것을 우선 알아차리고, '잠깐'을 속으로 외친다(멈추기). 그리고 숨을 천천히 내쉬며 긴장이 풀리는 것을 느껴본다. 만약 심하게 두근거린다면 5~10초 정도 숨을 멈춘 다음, 천천히 내쉬는 것이 좋다.

호흡 후 열기 단계에서 보다 내게 호의적이거나 친근하게 느껴지는 청중을 더 바라볼 수 있다. 내 이야기를 듣고 반응을 잘해주는 사람이 있다면 그 감각에 집중하기 쉬울 것이다.

대화 상황이라면 상대방의 말에 집중하는 것이 좋다. 내가 어떻게 말할지 생각하고 있으면 대화의 흐름을 따라가지 못해서 더 긴장된다. 말하는 이의 표정, 목소리, 행동을 잘 보고 들을수록 긴장이 풀린다.

새로운 이름표를 달아주세요

우리는 똑같은 행동이나 모습에 다른 이름표를 붙일 수 있다. 꼭 떨림증이 아니더라도 우리는 부르는 이름에 따라 그 이름처럼 느껴지게 될 것이다.

노예해방운동을 했던 사람들처럼, 많은 심리학자들이 떨림증을 가진 사람들에게 붙은 이름표를 떼어야 한다고 주장한다. 일레인 아론은 『타인보다 더 민감한 사람』에서 '소심하다, 내성적이다, 억압적이다'와 같은 말들을 보다 중립적인 '민감하다(sensitive)'는 말로 바꾸어 부를 것을 제안했다.

그녀는 민감한 사람들에 대한 오해가 어떻게 잘못된 것인지, 그리고 부정적으로 보이는 모습들이 어떻게 장점이 될 수 있는지를 훌륭하게 설명했다. 그녀가 제안한 말들과 내가 추가한 말들을 함께 소개한다.

중립적인 의미를 가진 말들도 있고, 좀더 긍정적이거나 칭찬으로 들리는 말들도 있다. 이번에도 자신에게 해당된다고 생각하는 표현들을 체크해보자.

- ☐ 신중하다
- ☐ 사려 깊다
- ☐ 섬세하다
- ☐ 양심적이다
- ☐ 감수성이 있다
- ☐ 주변 사람을 편안하게 해준다
- ☐ 실수를 적게 한다
- ☐ 유능하다
- ☐ 인간적이다
- ☐ 자연스럽다
- ☐ 귀엽다
- ☐ 위험감지 능력이 뛰어난
- ☐ 솔직한
- ☐ 침착하다
- ☐ 민감하다
- ☐ 창조적이다
- ☐ 자기 성찰을 잘 한다
- ☐ 돌다리도 두드리고 건넌다
- ☐ 겸손하다
- ☐ 경청을 잘 한다
- ☐ 분위기 있다
- ☐ 정상적이다
- ☐ 당연하다
- ☐ 친근하다
- ☐ 열정적인
- ☐ 건강한

자신을 어떤 이름으로 부를 것인가?

발표할 때 목소리를 떠는 여성을 보면서 어떤 사람은 소심하다고 생각하고, 또 어떤 사람은 귀엽고 매력적이라고 생각한다. 한 면접관은 신입사원을 채용하는 자리에서 말을 더듬는 남성을 합격시켰는데, 그 이유를 들어보니 '진실해 보이고 열정이 많아 보여서'라고 했다.

민감해서 유능하게 된 사람들이 많다. 내담자인 민희 씨는 전화로 고객상담 업무를 했다. 그녀는 고객들에게 욕먹는 일이 너무도 두려운 나머지, 어떻게 말해야 상대방이 좋아할지 연구를 많이 했다. 그 결과 전화 응대를 가장 잘하는 사원으로 뽑히기도 했다.

이렇듯 우리는 똑같은 행동이나 모습에 다른 이름표를 붙일 수 있다. 어떤 이름표를 붙이느냐에 따라 정신질환자가 될 수도 있고, 멋진 사람이 될 수도 있다. 꼭 떨림증이 아니더라도 우리는 부르는 이름에 따라 그 이름처럼 느껴지게 될 것이다.

당신은 자신을 어떤 이름으로 부를 것인가?

공감대를 형성하면 마음이 편해진다

폭넓은 지식이 있으면 대화할 때 좀더 쉽게 공감할 수 있다. 그러나 지식이 부족하다고 해서 공감대를 형성하지 못하는 것은 아니다.

우리가 다른 사람 앞에서 떠는 것은 대개 상대방과 친하지 않아서 그렇다. 낯선 사람보다는 친한 사람을 대할 때 마음이 편하고, 말하고 행동하기가 더 쉬워진다. 떨림증이 있어서 그런 것이 아니다. 서로가 친해져서 믿을 수 있는 만큼 떨림이 줄어들어서 그렇다.

우리는 낯선 사람을 만날 때 긴장과 어색함을 풀기 위해 공감대를 형성하려고 노력한다. 이런저런 이야기를 하다가 공감대를 찾으면 마음이 편해지고, 서로에 대한 호감이 커진다.

필자가 진행했던 대화법 워크숍에서 만난 2030세대 청년들의 가장 큰 고민은 '공감대 형성'이었다. 처음부터 어떻게 대화할지 모르겠다는 이들이 많았다. 그리고 대화를 시작하는 것은 어렵지 않지만, 시간이 지나면서 관계를 이어나가기가 어렵다고 하는 이들도 많았다.

그 마음속엔 '사람에 대한 두려움'이 있었다. 과거보다 사회 구성원 간의 갈등이 커지니 속마음을 이야기하는 것은 이들에게 위험한 일이 되었다. 결국 표면적인 이야기만 하니까 시간이 지날수록 더 할 말이 없어지는 것이다.

한편 삶의 모습이 다양해지면서 서로 관심사가 달라서 공감하기 힘들다. 그래서 어떤 이들은 지식을 쌓으려고 책을 읽는다. 물론 폭넓은 지식이 있으면 대화할 때 좀더 쉽게 공감할 수 있다. 그러나 지식이 부족하다고 해서 공감대를 형성하지 못하는 것은 아니다.

공감대를 찾는 방법 4가지

우선 누구나 쉽게 느끼고 말할 수 있는 것들로 공감대를 찾을 수 있다. 공감대를 찾는 방법 4가지를 소개하겠다.

첫째, 환경 정보를 말할 수 있다

여기서 주변 환경은 5가지 감각이다. 즉 우리가 보고, 듣고, 냄새 맡고, 맛보고, 촉감으로 느끼는 모든 것들이다.

공원에서 반려견을 산책시키는 한 여성을 상상해보자. 그녀는 평소 낯선 사람과 대화하는 것을 어려워한다. 그런데 공원에서 자신처럼 강아지를 산책시키며 만난 사람과는 쉽게 대화한다. "어머, 아가가 너무 귀엽네요!"라는 말들이 오가면서 짧지만 즐거운 대화가 가능하다.

소개팅이나 업무상 만난 자리에서도 사람들은 흔히 날씨나 장소에서 느껴지는 것들과 같이 일상생활 이야기로 가볍게 시작한다. 두 사람이 현장에서 동시에 목격하는 정보들이기 때문에 공감하기 쉽고, 서로 눈을 쳐다보기보다 주변을 둘러보기 때문에 덜 어색하다.

둘째, 몸의 느낌을 이야기한다

몸을 표현하는 말은 매우 생생하고 재미있다. "배고프다"라는 말보다 "배고파서 다리가 후들거려"라는 말이, "민망하다"라는 말보다 "손발이 오글거려"라는 말이 확 와닿는다. 살면서 누구나 겪어본 느낌들이기에 공감하기가 매우 쉽다.

누가 밥을 사줄 때 "맛있겠어요!"라고 할 수 있지만, "군침이 도네요!" "침이 꼴깍 넘어가네요"와 같은 말을 하면 사주는 사람도 매우 기쁠 것이다. 단순하게 몸의 느낌을 표현하기만 해도 생생한 느낌을 주기 때문에 대화 상대는 즐겁다.

셋째, 솔직한 생각이나 욕구를 표현한다

내가 그룹상담을 진행할 때 참가자 중 한 명이 "화장실에 가고 싶어요. 쉬는 시간 주시면 안 될까요?"라고 했다. 그러더니 다른 참가자들이 웃음을 터뜨리며 자신들도 그렇다고 표현했다. 다들 말하고 싶었지만 혹시라도 진행자가 기분 나빠할까봐 말을 참고 있었는데, 누군가가 가려운 곳을 긁어주니 속이 시원해진 것이다.

이렇게 남을 비판하거나 흉보지 않고 그저 속마음을 투명하게 보여준다면, 상대방은 나를 알기 쉬워 더 편하게 마음을 열고 다가올 수 있다.

넷째, 감정을 알아차려 표현한다

감정을 표현하면 생생하고 재미있다. 내가 단체 프로그램에서 게임을 진행할 때 흔히 일어나는 상황이다. 누군가에게 벌칙을 주면 "선생님 미워요!"라는 이야기가 나온다. 그러면 여기저기서 웃음이 빵 터진다. 이렇듯 감정을 표현하면 듣는 사람이 느끼기 쉽고 재미있다.

이렇게 4가지를 알아차려 말하는 것은 이 책에서 지속적으로 말하고 있는 '자신을 고치려고 노력하지 않고, 있는 그대로 존재하는 것'과 일관된 방법이다.

물론 이 4가지 알아차림을 이야기하는 것도 노력이 필요할 수 있다. 다만 없는 것을 억지로 만들어내는 것보다는 훨씬 더 쉽고 더불어 공감대 형성까지 할 수 있다.

말을 잘 들어야 떠는 행동이 줄어든다

상대방을 위한답시고 섣부른 판단이나 조언, 충고를 하면 안 된다. 상대방의 이야기를 편견 없이 들어만줘도 기분이 좋아진다.

어떤 이들은 호감을 얻기 위해서 말을 잘해야 한다고 생각한다. 그 중 대다수는 자신의 말이 논리정연하지 못하다거나 재미없다고 생각하면서 주눅이 든다. 그러나 사람을 끌어들이는 매력이 강한 코미디언들처럼 특별한 이들을 제외하면, 말을 잘하는 사람이 꼭 인기 있는 것은 아니다. 오히려 말은 유창하지만 자기 이야기만 하는 사람은 기피대상이다.

우리가 대화할 때 실제로 좋았던 경험을 떠올려보자. 나는 초롱초롱한 눈빛으로 내게 호기심을 보이며 궁금한 것을 물어보고, 내 말에 잘 반응해준 사람을 만났을 때가 좋았다. 그들은 말을 많이 하기보다 말을 잘 들어주는 사람들이었다.

말을 잘 들으려면 가만히 듣고만 있어서는 안 된다. 상대방이 생생하게 표현하는 사람이라면 가만히 듣고만 있어도 되지만, 많은 이들이 듣기 어렵게 말을 하기 때문에 듣다가 지루해지고 감흥이 없기 쉽다.

질문을 통해 잘 듣는 요령

잘 듣는 요령을 하나 소개한다. 심리상담사 훈련법인데, 상대방 이야기가 눈앞에 드라마의 한 장면처럼 보일 때까지 질문하는 것이다. 상대방 이야기의 추상적인 요소를 최대한 감각적이고, 구체적이고, 움직임이 있는 표현으로 바꾸는 질문법이다.

이를테면 친구가 부모님과 싸웠다고 하자. 그가 "엄마 때문에 많이 화났어"라고 말을 한다면, 우리는 마치 드라마의 제목을 본 것처럼 공감하기 어렵다. '많이' '화났다'라는 단어는 추상적이고 잘 느껴지지 않기 때문이다.

이를 더 생생하게 느끼려면 "무슨 일이 있었어?" "엄마가 어떻게 해서 화났어?" "그런 일이 자주 있었니?" "너는 그래서 어떻게 했어?"와 같이 구체적인 상황을 묘사하도록 요청하는 질문을 해야 한다.

내가 이 말을 심리대화법 워크숍에서 했더니 "너무 꼬치꼬치 물으면 상대방이 싫어하지 않을까요?"라는 질문이 돌아왔다. 물론 상대방이 싫어하는데 계속 물어보면 실례다. 그러나 상대가 말을 먼저 꺼냈다는 것은 이야기하고 싶은 마음이 더 크다고 봐도 무방하다.

상대방이 먼저 꺼내지 않은 경우에도 그럴 때가 많았고, 상대방이 이야기하기 싫을 때는 하기 싫다는 표현을 하기 때문에 너무 조심스러워하지 않아도 괜찮다. 그래도 조심스러울 때는 "혹시 거기에 대해 더 물어봐도 될까요?"라고 확인한 후에 질문으로 들어가면 된다.

기름을 치면서 질문하자

한편 질문만 하면 상대방 입장에서는 마치 경찰서에서 취조받는 느낌이 들 수 있다. 그러니 "아" "네" "그러셨구나"와 같은 간단한 반응부터, 이해해주는 말과 공감해주는 말로 기름을 치면서 질문하는 것이 좋다. 이때 주의할 점은 섣부른 판단이나 조언, 충고를 하지 않는 것이다. 편견 없이 들어만줘도 많은 사람들은 기분이 좋아진다.

이렇게 질문을 하는 것만으로도 상대방은 자신이 관심받고 존중받고 있다고 느낄 것이다. 당신과 대화하는 것을 즐거워할 것이고, 그 표정을 당신이 느끼면 뭔가 잘되어가고 있는 느낌을 받으면서 긴장된 마음이 점점 풀어질 것이다.

잘 느끼면 당신도 리액션의 고수

내 마음에 나타난 반응들을 표현하면 상대방은 내가 그 사람의 이야기를 잘 따라오고 있고, 깊이 공감받고 있다고 느낄 수 있다.

필자는 어렸을 때 다른 사람의 말을 듣고 어떻게 반응할지 몰라 긴장할 때가 많았다. 재미있는 이야기를 들어도 어떻게, 어떤 크기로 웃어야 할지 고민한 적도 있었고, 친구의 걸음걸이에 어떻게 보조를 맞춰야 할지 고민하기도 했다.

이 문제에 대한 해답을 배우 손병호 선생님이 이끄는 등산 모임에서 얻었다. 모임의 70%가 배우라서 그런지 함께 이야기하는 시간이 매우 즐거웠다. 감탄사, 표정, 몸짓들이 마치 어린아이들처럼 생생했다. 그분들에게 어떻게 리액션을 잘할 수 있는지 물었다.

배우 최문수 선생님은 연기할 때 반응을 어떻게 할지 고민하지 않고, 상대 배역이 하는 연기를 잘 보고 듣는다고 했다. 그러면 저절로 자연스러운 반응이 나온다고 했다.

이 말씀이 내게 큰 깨달음을 주었다. 돌이켜보면 대화에 몰입했을 때는 반응을 어떻게 할지 고민하지 않아도 문제가 없었다. 걱정하는 순간 상대방을 느끼기 어렵기에 반응도 하기 어려웠던 것이다.

내가 느끼는 것을 상대방에게 표현해보자

더불어 우리가 느끼는 것을 상대방에게 표현해보자. 표현하지 않으면 말하는 사람은 듣는 사람이 잘 따라오는지 알기 어렵다. 표정으로 풍부하게 표현하고 있다면 괜찮겠지만, 그렇지 않다면 말로 내 느낌을 표현하는 것이 좋다.

이때 요령은 앞서 말한 5가지 말의 요소 중 4가지, 즉 신체 감각, 생각, 감정, 욕구를 알아차려서 이야기하는 것이다. 이를테면 친구가 회사 일로 스트레스를 받은 이야기를 들으면서 당신 마음에 일어나는 것을 알아차릴 수 있다.

이야기를 들으면서 가슴이 답답해지고 상사가 정말 못됐다는 생각이 들었다고 하자. 그러면 "네 이야기를 들으니까 나도 가슴이 답답해지는데, 실제로 겪은 너는 얼마나 힘들었을까? 그 사람 정말 못됐네"와 같이 마음 안에 떠오른 것을 있는 그대로 말해주자.

이렇게 내 마음에 나타난 반응들을 표현하면, 상대방은 내가 그 사람의 이야기를 잘 따라오고 있고 깊이 공감받고 있다고 느낄 수 있다. 그 순간 서로 공명이 더 커지면서, 그 결과 긴장이 풀어지고 마음이 편안해진다.

있는 것을 떠오르는 대로 말하기

말하기 방법에서 가장 중요한 원칙은 '나타나는 것', 즉 '지금 여기에서 생생하게 떠오르는 것을 말하는 것'이다.

앞서 환경, 신체감각, 감정, 생각, 욕구를 알아차려서 표현하는 것이 어떻게 공감대를 형성하고 유머가 될 수 있는지 설명했다. 이 방법은 그레고리 크레머의 통찰 대화명상법을 성신여대 심리학과 김정규 교수가 관계성 향상 프로그램에 포함된 대화연습으로 발전시킨 것이다.

크레머는 저명한 음파 과학자였고, 위빠사나 명상을 수행하다가 나중에는 본업을 접고 전업 명상가의 길로 접어들었다. 그는 어떻게 하면 사람들이 명상을 좀더 쉽고 재미있게 할 수 있을지 고민하다가 대화명상을 창안했다.

2001년 크레머는 한국에 내한해서 김정규 교수와 함께 워크샵을 진행했다. 그는 온화하고 맑은 눈에 그윽한 목소리를 가져서 참가자들에게 인기가 많았다.

통상적인 명상에서는 마음속에 떠오르는 것들을 혼자서만 알아차리고 표현하지 않는데, 대화명상은 이것을 바로 이야기한다. 짝을 지어 한마디씩 주거니 받거니 했는데, 솔직하게 표현한다는 것이 처음에는 참 어색하고 상대가 어떻게 생각할까 두렵기도 했다. 그러다 점점 더 재미있어서 많이 웃었다.

그 후로 김정규 교수가 지도하는 상담가 훈련 그룹에서 이 방법들을 계속 적용했다. 대화방법에 대해 지도를 받을 때 잘 나아지지 않던 이들도 이 훈련을 통해 대화 능력이 빠르게 향상되는 것을 보았다. 나도 대화에 잘 끼어들지 못하거나 상대방이 알아듣기 힘들게 말할 때가 있었는데, 이 방법을 열심히 쓰다 보니 어느덧 표현력이 늘었다.

말하는 원칙과 방법들

말하기 방법에서 가장 중요한 원칙은 '나타나는 것', 즉 '지금 여기에 있는 것을 말하는 것'이다. 우리가 없는 것을 지어

내려고 할 때 진땀이 난다. 그래서 상황과 맞지 않는 말이 튀어나올 때가 많다. 인터넷에서 재미있는 이야기라고 외워왔는데, 막상 해보면 잘 웃기지 못한 경험이 있을 것이다.

반대로 지금 여기에서 생생하게 떠오르는 것을 말하는 것은 애써 할 말을 찾을 필요가 없기에 말하기가 쉽다. 또한 지금 태어난 말이기에 신선하고 재미있다. 그리고 현재 상황과 맥락에서 나타난 것이기에 적절한 말이 되기 쉽다.

이를테면 당신이 어떤 모임에 참여했는데 사람들이 "노래해! 노래해!" 하고 강하게 권유할 때 당신이 노래에 자신이 없다면 어떨까? 머리가 하얘지고 당장 집에 가버리고 싶을지도 모르겠다. 그렇다면 바로 그 있는 마음을 이야기하는 것이 정답이다. "아, 미치겠네. 머리가 하얘지고요, 지금 저 집에 가고 싶어요."

내가 관찰해본 결과, 이렇게 있는 그대로의 심정을 잘 묘사한 말을 들을 때 사람들이 많이 웃고 좋아했다. 이런 예들은 토크쇼나 오락프로를 보면 많이 찾아볼 수 있다. MC들의 멘트를 잘 살펴보면 누구나 할 수 있는, 즉 있는 것을 그대로 말하면서 청중을 웃기는 장면들이 많다.

2009년 6월 8일 KBS 〈아침마당〉에 현각 스님이 게스트로 나온 대목을 소개해보겠다. 진행자들이 어떻게 있는 그대로 이야기했는지 보자.

이금희 현각 스님을 박수로 맞이해주시기 바랍니다.

김재원 이렇게 두 손을 합장하고 예를 표하시는 모습이…. 아, 네. 그냥 바로 가부좌를 트시네요. 그게 외국인들이 하기 쉽지 않은 자세인데.

현각 사실은 맨 처음 시작했을 때(중략).

김학래 어, 그럼 우리도 다 그렇게 앉아서 해봐요(현각스님 가부좌 따라한다).

김재원 (김학래가 가부좌할 때 얼룩 점박이 양말 신은 것을 발견하며) 어휴, 양말이 예사롭지 않으시네요(시청자 웃음). (중략) 스님, 괜찮으시면 겉옷을 들어서 발을 좀 보여주시겠어요?

이금희 어머, 근데 죄송해요. 발가락 양말이(시청자 웃음)…. (중략) 어느 분께서 승복을 빳빳하게 풀을 잘 먹여주셨어요?

이렇게 초반의 대화가 현각 스님이나 게스트가 보여준 모습에 대해 이야기하고 있다. 진행자들이 어떤 거창한 테크닉을 쓴 것도 아닌데, 청중들은 대화에 몰입하고 웃는다.

여러분들도 앞서 말한 5가지 요소인 신체감각, 환경 정보, 생각, 감정, 욕구를 떠오르는 대로 써보시길 권한다. 우선 마음속에 떠오르는 순서대로 거르지 않고 연속해서 적어보자. '나는 지금 ~을 알아차린다'라고 적는 것이 요령이다.

> 나는 지금 손가락이 불편한 것을 알아차린다. 입안이 텁텁하고 배가 고프다는 것을 알아차린다. 주위가 고요한 것을 알아차린다. 조금 전에 다녀온 편의점 생각이 나면서 먹을 것을 사오지 못한 것을 아쉬워하는 걸 알아차린다. '독자들이 이런 글쓰기 방법에 대해 어떻게 생각할까' 하는 생각을 알아차리고, 허리가 굽어서 불편한 것을 알아차린다. 허리를 펴니 조금은 편안해진 것을 알아차린다. '여기서 그만 예시 글을 줄여야겠다'는 생각도 알아차린다.

써놓은 것을 보며 자신이 5가지 요소 중에 어떤 것을 좀더 잘 알아차리고, 어떤 요소들은 비교적 덜 알아차리는지 체크해보자. 만약 신체감각 알아차림이 잘 되지 않는다면, 그 부분을 혼잣말로 자주 해보거나 글로 적자. 그러다 보면 대화할 때도 이야깃거리가 많아지고 풍성해질 것이다.

요소별로 따로따로 연습해본 후에 다시 떠오르는 대로 적어보거나 혼잣말을 해보자. 그리고 이런 게 어느 정도 잘되면, 다음 단계는 각각의 요소들을 연결해서 표현해본다.

나는 친구의 얼굴이 '어피치'를 닮아 있다고 생각하는 것을 알아차린다. 그 생각을 하니 기분이 즐거워지고, 그 기분에 따라 입꼬리가 올라가며 웃고 있는 것을 알아차린다.

멋지게 글을 쓰거나 말하려고 할 때는 긴장되어 잘 되지 않는다. 하지만 이렇게 떠오르는 대로, 마치 땅에 떨어진 돌멩이를 줍는 것처럼 쓰다 보면 어느새 말이 쉬워지고 즐길 수 있게 된다.

말하고 나니
별거 아니네요

내 약점을 가볍게 표현하면서 상대방에게 자신의 부족한 부분을 말하도록 요청해보자.

떨림증을 극복하는 데 가장 좋은 방법은 무엇일까? 상담을 하면서 내담자들이 해본 것들 중에서 가장 극적인 효과가 있었던 방법 중 하나가 커밍아웃이었다. 커밍아웃은 성소수자에게만 해당되는 것은 아니다.

마음의 고통을 겪는 이들도 자신의 문제를 감춘다. 남들이 알면 나약하다고 생각할까봐, 뭔가 비정상이라고 생각할까봐 너무나도 두려운 나머지, 가족이나 친한 친구에게도 말하지 못하고 끙끙 앓는 이들이 많다.

주변에 자신의 떨림증을 이야기하자

이렇게 감추다 보면 문제는 더 커지고 악순환이 반복된다. 혼자 생각하다 보니 나만 정말 못난 사람처럼 느껴지고, 수치심이 더 커진다. 결국 그만큼 남들 앞에서 더 떨게 된다. 반대로 자신의 떨림증을 주변에 이야기한 사람들은 보다 빨리 문제에서 벗어난다.

미국 토크쇼의 황제 래리 킹은 진솔한 말로 위기를 기회로 만들었다. 그는 책 『래리 킹, 대화의 법칙』에서 자신이 겪은 일을 이야기했다. 래리 킹은 첫 라디오 데뷔 방송에서 오프닝 멘트를 해야 했는데, 너무 긴장한 나머지 입이 떨어지지 않았다. 음악의 볼륨만 높였다 줄였다 하고 말을 못하고 있었다. 그러자 바깥에 있던 총국장이 문을 차고 들어와서 "이건 말로 하는 사업이야!"라며 소리치고 나갔다.

그는 간신히 첫 마디를 내뱉었다. "안녕하십니까. 오늘은 저의 방송 첫날입니다. 방송 15분 전에 저는 새 이름을 받았습니다. 줄곧 주제음악을 준비하고 있었는데, 초조한 마음에 입안이 자꾸 말라붙었습니다. 방금 전에는 총국장이 문을 박차고 들어와 '이건 말로 하는 사업이야' 하고 소리쳤습니다." 그는 이렇게 말문이 터지고 나서 자신감이 생겼고 방송을 진행할 수 있었다. 이후 시청자들에게 많은 격려와 지지를 받았다.

물론 주변 사람들에게 이야기하는 것이 결코 쉬운 일이 아닐 수 있다. 그래서 약간의 요령이 필요하다. '사회공포증'과 같은 말은 듣는 사람이나 말하는 사람이나 뭔가 불편하다. 반대로 "저는 낯을 가리는 편이라서요" "저는 이런 자리의 경험이 부족해서 많이 긴장되네요" "말을 잘하려고 하니 오히려 더 부담스럽네요" "저는 이런 자리가 익숙하지 않아서 많이 어색하네요"와 같은 말들은 누구나 그런 경험이 있었기에 상대방도 쉽게 공감할 수 있고, 말하는 사람 역시 자신이 못났다는 느낌이 덜 든다.

서로 조금씩 마음을 털어놓자

또 다른 요령은 내 약점을 가볍게 표현하면서 상대에게도 자신의 부족한 부분을 말하도록 요청하는 것이다. 이를테면 "난 발표할 때 너무 떨려 죽는 줄 알았어. 경험이 많이 부족해서 그런지 좀처럼 자신감이 안 생기네"라고 이야기를 한 다음, "그런데 넌 어떠니? 넌 앞에 나가면 안 떨려?"라고 물어보는 것이다.

상대가 "당연히 떨리지" 하면 "그래? 너도 떠는구나! 난 나만 떠는 줄 알았는데, 너도 그렇구나. 난 떨 때 사람들이 날 바보 같다고 생각할까봐 떠는데, 넌 어떤 걱정 때문에 떨리니?"와 같이 이야기해볼 수 있다.

상대방이 나와 같은 부분에서 어려움이 없다고 하더라도 괜찮다. 그러면 어떻게 그렇게 자신감이 있는지, 어떤 노력을 해왔는지를 물어보면서 상대방을 칭찬하는 기회로 삼을 수 있다. 그리고 꼭 나와 같은 부분은 아니더라도 사회생활하면서 어려움을 겪은 적이 없는지를 물어보면, 그도 자신의 부족한 점을 이야기하게 마련이다.

이렇게 적절한 수준에서 상대방과 양파 껍질을 벗겨가는 것처럼, 바깥쪽부터 점점 더 깊은 마음까지 서로 조금씩 마음을 털어놓다 보면, 어느덧 서로 가깝게 느껴지고 친구가 된다. 떨림증뿐 아니라 삶의 어려움들을 이야기할 때도 마찬가지다.

떨림을 줄이는 호흡의 비법

불안해서 말을 빨리 하면 더 떨린다. 좀더 천천히 말하고, 자주 끊어서 이야기하면 떨림이 줄어든다.

필자는 초등학교 때부터 무대에 서는 일이 많았다. 성당 성가대, 대학 연극 동아리, 시민악대 등 여러 모임에서 다른 사람들과 무대에 서본 일도 많았고, 때로는 거리에서 혼자 공연을 하기도 했다. 상담사로서 프로그램 진행자나 강사로 설 일도 많았다.

정말 많이 떨었지만, 떨면서도 꾸역꾸역 했다. 사실 그렇게 많은 경험을 한 것 치고는 떨리는 건 좀처럼 나아지지 않았지만, 시간이 흐르며 조금씩 실마리를 찾기도 하고 다른 사람에게 얻은 지혜를 무대에서 적용해봤다.

무대에서 떨 때 심리적인 측면도 있지만 몸을 쓰는 방법, 그 중에서도 숨 쉬는 법이 꽤 중요하다는 것을 알게 되었다. 흔히 복식호흡을 해야 한다고 하는데, 틀린 말은 아니지만 실제 적용하는 게 쉽지 않다.

떨림이 심해지는 몸의 과정

우선 어떤 식으로 떨림이 심해지는지 몸의 과정을 알아야 한다. 처음에는 '떨면 어떡하지?' '남들이 나를 이상하게 보지 않을까?'와 같은 걱정이 일어나고, 그에 따라 몸은 긴장한다. 자율신경계가 각성상태가 되면서 외부의 위험에 대한 방어모드로 바뀌면서 심장은 더 쿵쿵쿵 뛴다.

이때 우리는 숨을 조금씩 자주 들이쉬고 내쉰다. 이 순간 말을 하면 당연히 떨린다. 숨은 적게 들이쉰 상태인데, 말은 그보다 길게 하려고 하기 때문이다. 또는 숨을 다 내뱉지 않은 상태에서 다시 들이쉬고 이야기해서 몇 마디 못하고 숨쉬기 곤란한 상태가 된다.

숨을 쉰 만큼 말하는 것이 중요하다. 떨림증이 있는 사람들 중에는 말을 빠르게 하는 사람들이 간혹 있다. 한 마디 정도

할 숨으로 두 마디를 하니 숨이 안 찰 수가 없다. 내가 왜 그렇게 빨리 말하냐고 물어보면, 불안해서 말을 빨리 끝내고 싶다는 것이다. 이때는 오히려 천천히 말하고, 자주 끊어서 이야기해야 떨림이 줄어든다.

말끝을 흐리면서 이어가는 경우도 마찬가지다. "~하고요 그리고" 하는 식으로 말하면 숨쉬기 어렵다. "~했습니다. ~했고요"와 같이 끝을 딱 맺어주고 다시 문장을 이어나가면 숨쉬기도 좋고, 전달력도 높아진다.

말의 억양과 리듬도 중요하다. 말을 더듬는 사람도 노래를 하면 더듬지 않는다. 이는 노래할 때 강약, 리듬, 호흡을 지켜가며 하기 때문이다. 또 어떤 이는 한국말을 할 때는 떠는데, 외국어를 할 때는 떨지 않는다. 노래든 외국어든 평소 말할 때보다 억양과 리듬을 더 살리기 때문에 숨도 더 잘 쉬고, 긴장도 쉽게 풀린다.

방언은 표준어보다 억양이 살아 있어서 말하는 사람도 좀 더 편하고, 듣기도 시원시원하며 맛깔난다. 그런데 도시 생활을 하며 자신의 색깔을 죽이고 교양(?)있게 말하려고 하니 말하는 재미도 적어지는 것 같다.

한편 표준어를 구사할 때도 자신만의 억양과 리듬감이 더 있는 사람들도 있다. 그러니 우리가 TV를 보면서 말하는 느낌이 좋은 사람들을 따라해보는 것도 도움이 된다. 만화영화 속 등장인물이나 뉴스 아나운서의 말을 따라해봐도 좋다. 할머니나 아기들이 하는 말도 좋은 참고서다. 이들의 말을 따라하면 억양과 리듬만이 아닌, 어떤 좋은 기운이 느껴지면서 내 마음의 기운도 같이 살아난다.

중력과 싸워서 이기는 사람은 없다

술잔이나 수저를 들거나 혹은 글씨를 쓸 때 손을 떠는 사람들이 있다. 카메라로 사진을 찍을 때 손을 떠는 사람도 많다. 수전증이 있어서 손을 떠는 사람은 무심코 지나가지만, 똑같이 떨어도 긴장을 해서 떠는 사람들은 이것을 몹시 수치스러워한다.

자신이 소심하고 나약하다고 여겨져서 남들에게 못난 사람으로 보일까봐 걱정하는 것이다. 그런데 이들이 간과하는 것이 있다. 바로 모든 물체에는 중력이 작용한다는 사실이다. 무거운 물건을 들지 않아도 손을 들어 무언가를 하면 중력을 거스르기에 긴장하고 떨기 쉽다. 이런 이유를 모르면 자꾸 내가 못났다고 탓하기 쉽다. 중력도 있다는 것을 잊지 말자.

중력 속에서 편안한 방법

떨지 않으려면 여러 방법이 있다. 첫째, 컵이나 카메라를 한 손으로 들 때 떨기 쉽다. 긴장을 줄이려면 중력을 분산시켜야 하는데, 한 손보다 두 손으로 받치는 게 낫다.

둘째, 구르는 돌에 이끼가 끼지 않듯이 움직이는 몸은 잘 굳지 않는다. 이를테면 사진 모델도 촬영할 때 가만히 서 있지 않는다. 계속 움직이다가 살짝살짝 멈추면서 포즈를 잡는다.

모델처럼 계속 움직이기가 어렵다면, 곁에 있는 사람과 정신없이 이야기하다가 찍는 순간만 카메라를 바라보거나 사진 찍는 사람이 찍는다는 말없이 셔터를 누르는 방법도 있다. 강의를 하거나 사회를 볼 때도 청중 사이를 왔다갔다하는 사람이 있다. 제자리에서 이야기를 하더라도 리듬 있게 제스처를 한다면, 그 동작에 따라 긴장이 풀어진다.

셋째, 움직임과 숨을 일치시키면 좋다. 내가 내담자 앞에서 컵으로 물을 마실 때 쓰는 방법이다. 우선 컵으로 손을 가져갈 때 들숨을 쉬고, 손잡이를 잡고 입 앞으로 가져오면서 날숨을 쉰다. 이렇게 리드미컬하게 충분히 숨을 쉬고 있을 때는 떨림도 잦아든다.

무대 위 멋진 한 말씀

솔직하게 이야기하면 된다. 솔직함은 유머의 가장 중요한 원리다. 사람은 약점을 드러내는 사람 앞에서 긴장이 풀린다.

무대에 섰을 때는 처음 몇 분이 가장 중요하다. 시작할 때 긴장을 풀 수 있으면 안심이 되어서 점점 더 편안해진다. 그러나 처음부터 생각한 대로 되지 않으면 당황해서 더 떨린다. 무대에 서 있는 첫 1분을 어떻게 편히 있을 수 있을까?

나는 그동안 다양한 강연과 모임 자리에서 사람들이 했던 첫 마디를 기록해뒀다. 재미있어서 함께 깔깔깔 웃었던 한 마디! 어떤 이야기들이 사람들의 언 마음을 녹이고 웃길 수 있는지 소개하겠다.

자신의 떨림을 마치 남 얘기하듯이 말하기

10년 전 성격검사를 배우는 워크숍에서 자신의 떨림으로 좌중을 쉴 새 없이 웃긴 사람이 있었다. 특별한 경험이라서 지금까지 기억에 남는다. 그녀는 연단에 나가자마자 "저 너무 떨고 있죠~오? 아 심장이 막 터지려고 하죠?"라면서 자신의 떨림을 마치 남 얘기하듯 말하니 사람들이 빵 터졌다. 어떤 이는 이를 중계방송 기법이라고 했다.

다음은 내가 마이크 임팩트 스쿨에서 강의할 때, 수강생들에게 3분 스피치를 시키거나 노래를 시킬 때 했던 첫 반응이었다. 청중들을 웃겼던 반응만 모아보았다.

"손에 아주 홍수가 났고요, 심장이 배 밖으로 튀나올 것 같아요."

"다들 쳐다보시니까 마치 낭떠러지에 서 있는 기분이 듭니다."

"머릿속에 아무 생각도 안 나고 뛰쳐나가고 싶어요."

"쳐다보시니까 스키장에 온 것 같아요. 눈앞이 하얘집니다."

"오장육부가 떨리네요."

"노래하다가 다리가 떨려서 주저앉을 수도 있어요."

"아~ 미치겠어요! 집에 가고 싶네요~!"

이 말들의 공통점은 '솔직함'이다. 솔직함은 유머의 가장 중요한 원리다.

사람은 약점을 드러내는 사람 앞에서 긴장이 풀린다. 왜냐하면 우리는 누구나 약점이라고 생각되는 것을 감추고 싶어하는데, 솔직하게 말하는 사람이나 듣는 사람 모두 그 표현을 통해서 들통날 것 같은 두려움에서 자유로워지기 때문이다.

솔직하게 이야기하면 된다

미국 심리치료의 대가인 어빙 폴스터(Erving Polster)가 한국에 방문한 적이 있다. 공개 상담 시연이 끝나고 질문을 받는 시간이었다. 나는 물어볼 것을 생각하는 동안 심장이 터질 것만 같았다. 자리가 자리이니 만큼 쟁쟁한 상담가들부터 내 후배들까지, 질문 하나 제대로 못하면 무능한 상담자로 보일 것만 같아서 두려웠다.

좀처럼 진정이 되지 않은 상태에서 사회자는 나를 지목했다. 나는 마이크를 잡고 이야기하기 시작했다. 손이 덜덜 떨리고, 숨쉬기도 어려웠다. 거의 우는 소리로 말했다.

"아, 질문을 하려니 손이 덜덜 떨리고, 숨이 잘 쉬어지지 않네요. 질문을 잘해서 유능한 상담자로 보이고 싶은가 봐요(청중들 웃음)."

다행히 청중들과 함께 웃으며 긴장을 풀 수 있었다. 아마 청중들도 나와 비슷한 마음이었을 것이다. 누구나 질문을 하고 싶은 마음은 있지만 평가받는 것이 두려웠기에 주저하고 있었을 텐데, 내 마음을 솔직히 말하니 청중들이 공감한 것이다.

이렇게 솔직하게 이야기했을 때 사람들이 웃어주는 일들이 늘었다. 그래서 나는 점점 더 나를 드러냈고, 때론 약점을 이야기하는 게 신 나는 일이 되기도 했다. 그 약점이 그리 큰 약점이 아니고, 인간적이며 다른 사람들도 똑같은 약점을 가지고 있다고 생각했기에 쉽게 드러낼 수 있었다.

말을 공놀이처럼, 같이 놀자

간단히 이야기한 후 상대방에게 공을 넘기고, 상대방의 말에 중간중간 맞장구도 치고 공감도 하면서 말이 자주 오가도록 해보자.

대화를 할 때 많은 이들이 대화를 책임지려고 한다. 내가 어떻게 이끌어나갈지 고민하다 보니 어깨가 무겁다. 둘 사이에 침묵이 흐르면, 자신이 이 상황을 바꾸어야 한다는 책임감을 더 느끼는 사람이 있다. 여러 명이 이야기할 때도 대화를 주도하거나 어느 하나가 소외되지 않게 하려고 더 신경쓴다.

이런 책임감 있는 태도는 멋진 모습이지만, 부담도 커지고 일방적인 태도이기도 하다. 반대로 부담이 적고 쌍방적인 대화법이 있다. 상담사 이순일 선생님이 '공놀이 대화법'이라고 알려주신 것을 여기에 소개한다.

공놀이처럼 짧게 말하고 많이 주고받자

탁구를 생각해보자. 탁구는 공이 매우 빨리 오가고, 참여하는 두 사람 모두 각 차례에 한 번씩 공을 치는 운동이다. 그렇기 때문에 지루할 틈이 없다.

대화도 이렇게 하면 더 쉽고 재미있다. 그저 말을 빨리 하라는 것은 아니다. 간단히 이야기를 한 후 상대방에게 공을 넘기고, 상대방의 말에 중간중간 맞장구도 치고 공감도 하면서 말이 자주 오가도록 하라는 뜻이다.

다음은 소개팅 상황이다. 둘은 처음 만나 인사를 나누고 메뉴에 있는 음식을 시킨 후 이야기를 시작한다.

A　쉴 때는 주로 어떻게 보내세요?

B　저는 밀린 집안일도 하고, 가끔 친구를 만나 영화를 봐요. 공원 산책도 하고요. A 님은 어떻게 보내세요?

A　아, 저는 노래 부르는 걸 좋아해서 가끔 동전 노래방에 가요. B 님은 노래 부르는 거 좋아하세요?

이렇게 처음에는 간단히 이야기하고, 상대방에게 공을 넘겨보자. 상대가 내 이야기에 관심이나 호기심이 없을 수도 있고, 자신의 이야기를 조금 더 하고 싶을 수도 있기 때문이다. 그러다가 상대방이 내게 호기심을 보이면, 그에 맞게 좀더 길게 이야기해볼 수 있다.

여럿이 이야기하거나 강의할 때도 공을 돌릴 수 있다

세 명 이상이 이야기할 때도 공놀이처럼 대화할 수 있다. A와 B가 이야기하다가 도중에 C의 반응을 살피면서 "너는 어떻게 생각하니?" 하는 식으로 둘의 대화에 대한 생각이나 느낌을 물어볼 수 있다. C가 대답하고 다시 A가 반응할 수도 있고, 그 대답에 대한 반응을 B에게 다시 요청할 수도 있다.

강의할 때도 마찬가지다. 정치를 주제로 강의한다고 가정해보자. 청중에게 이 주제에 대해 흥미나 관심이 있는지를 먼저 물어볼 수 있다. "제가 정치 이야기를 하려고 하는데요, 혹시 정치에 대해 관심이 있는 분 계시면 손을 한 번 들어주시겠어요?"라고 물어본다. 그다음 손을 든 사람에게 왜 관심이 있는지를 물어볼 수 있다. 그리고 그 대답에 대해 다른 청중에게 다음과 같은 질문을 던져 공을 여러 사람이 가지고 놀 수 있도록 도울 수 있다.

"방금 들은 말에 대해 어떻게 생각하세요?"

"이분 말씀에 공감이 되시는 분이 있으신가요?"

"비슷한 경험을 한 분이 있으신가요?"

"혹시 이분과 다른 생각을 가지신 분이 있으신가요?"

이런 식으로 청중들이 서로 대화할 수 있도록 돕는다면, 소외되는 사람이 적고, 오고가는 상호작용으로 인해 훨씬 재미있고 역동적인 강의가 될 것이다. 강사 입장에서도 자신이 모든 것을 다 설명하느라 진땀을 뺄 필요가 없고, 청중들에게서 나온 다양한 경험과 견해들을 들으면서 배울 수도 있다. 그 배움을 통해 다음 강의는 더욱 풍성해질 수 있다.

내 마음과
매일 한 걸음씩 친해져요

자기 자신에게 좋은 말을 해주고 좀더 너그럽게 대해보자. 점점 더 기운이 날 것이다.

딸이 계속 실수하고, 그때마다 야단치는 엄마를 상상해보자. 엄마는 딸의 실수가 반복되니 화가 나서 지적을 하고, 딸은 그 말에 위축되어서 실수가 늘어난다. 서로가 나쁜 마음은 아닐 것이다. 다만 마음을 이해하지 못해서 사이만 나빠지고 문제는 해결되지 않는다.

이런 문제가 내면에서도 일어난다. 게슈탈트 심리치료의 창시자 프릿츠 펄스(Fritz Perls)는 이를 '상전(Top dog)'과 '하인(Under dog)' 개념으로 설명했다. 상전은 나를 지적하고 비판하는 목소리고, 하인은 위축되고 무기력한 마음이다.

떨림증을 유발하는 상전의 목소리

그렇다면 떨림증을 유발하는 상전의 목소리는 무엇일까? 나는 그룹상담에서 하정 씨에게 두 마음을 대변하는 인형을 사용해 상전이 하인에게 하고 싶은 이야기를 해보라고 제안했다. 상전과 하인 모두 자기 자신이다.

하정(상전 역할) 너는 왜 그렇게 매사에 자신감도 없고 우물쭈물하니? 한심하다. 매일 말도 없이 시무룩해 보이고…. 왜 말을 안 해? 너 바보야? 네 생각을 똑바로 말하지 못하고, 왜 그렇게 못났니? 그래서 어디 사회생활이나 제대로 할 수 있겠어? 너 정말 병신같아(울먹인다).

대령 지금 뭐가 떠오르세요?

하정(하인 역할) 아버지가 떠올라요(눈물). 아버지는 무엇을 해도 '바보같다, 한심하다'는 말을 자주 하셨어요. 그 말을 자꾸 들으니 움츠러들고, 어른들 앞에만 서면 말문을 열기가 어려웠죠.

대령 (아버지에 대한 이야기를 나누고 그룹원들의 위로가 오간 후)

아까 아버지의 목소리를 닮은 상전의 이야기를 들어봤는데, 이번에는 하인의 목소리를 들어보고 싶어요. 아까 그 이야기를 듣고 기분이 어땠는지 하인의 입장에서 상전에게 이야기 해보겠어요?

하정(하인) 그 말을 들으니 기분이 안 좋아. 나도 말을 잘하고 싶은데, 어떤 것을 할지 모르겠어. 말을 하려니 긴장이 되고, 잘해야겠다는 생각 때문에 더 못하는 것 같아. 네가 이해하기는 어렵겠지만 내 마음을 알아줬으면 좋겠어.

하정(상전) 말을 안 하는데 어떻게 이해하니? 다른 사람들은 다 하는 것을 왜 너만 못하니? 네가 이상한 것도 아니고 모자란 것도 아닌데, 도대체 왜 그러는지 모르겠어.

하정(하인) 네 말이 맞아. 나도 왜 내가 못할까…. 답답해.

하정(상전) 이런 상황에서도 수긍만 하고 바뀌려는 의지가 정말 없니?

하정(하인) 네 얘기를 들으니까 슬퍼. 나도 여러 가지를 시도하는데 바뀌지 않으니까 속상해.

상전과 하인의 대화에서 상전은 나무라고, 하인은 우울하고 무기력하다. 하인은 잘해보려고 하지만 잘 안되고, 상전은 태도를 나무라기만 한다. 이런 관계가 지속되니 우울하기만 하고, 바뀌는 것은 별로 없다.

이 대화를 들은 그룹원들은 다음과 같이 이야기했다.

재현 자기가 그런 상태에 있는 것에 대해 죄책감을 가질 필요는 없는 것 같아요. 그러고 싶어서 그러는 게 아니니까.

수정 제가 보기에는 상전이 매몰찬 것 같아요. 바뀌길 바라지만 팔짱을 끼고 힐난하는 것 같아요. 세상에서 잘한다고 위해주는 것보다 더 좋은 채찍은 없는 것 같아요. 힘들어하는 사람이 있으면 부축하고, 다독여주고, 먼지를 털어줘야 하지 않을까요?

민지 상전이 하인에게 먼저 좋은 말도 많이 해주고 친하게 지냈으면 좋겠어요. 좀더 너그러웠으면 좋겠어요.

현순 아까 시무룩해 보이고 못나 보인다고 했는데, 사람이라면 시무룩할 수도 있죠. 그리고 너무 자신 탓만 하는데, 남 탓을 해도 좋을 것 같아요. 내가 긴장하는 이유에는 상대방 책임도 있잖아요.

주용 실수해도 괜찮아요. 바보같으면 어때요? 사람이 너무 완벽하기보다는 빈틈이 있어야 매력이 있죠.

지수 자꾸 변하라고 하는 게 자신을 부정하는 것 같아요. 나아지려고 노력하지만 그럴수록 더 기운이 빠지는 것 같고요.

이 과정을 통해서 하정 씨는 자신의 상전 목소리가 너무 가혹하고 불친절하다는 것을 알 수 있었다. 더 나아가 그룹원들이 하인의 입장에서 상전에게 해준 이야기를 토대로 반박도 하고, 어떻게 해달라고 부탁을 할 수도 있었다. 상전의 입장에서는 반성을 하고, 좀더 자기 자신을 친절하게 대하려는 마음을 먹게 되었다.

나만 보다가 이제 세상을 보고 있어

마음의 창문을 열고 외부와 접촉하자. 우리는 관찰자 역할을 할 때는 긴장을 덜하고, 관찰을 당하는 입장에 있을 때는 좀더 긴장하게 된다.

사회공포증에 관련된 논문을 찾다 보면 '자기초점주의'라는 용어를 볼 때가 있다. 이는 간단히 말해서 떨림을 포함해 내 모습이나 행동을 계속 쳐다본다는 뜻이다. 이를테면 밥 먹을 때 젓가락을 든 손이 떨리는 사람은 시선을 계속 그쪽을 본다. 손이 떨리니 쳐다보는 것이 당연하지만, 보는 순간 우리는 상대방이 어떻게 볼지가 두려워서 더 긴장하고 그 결과 더 떨게 된다.

한 번 떨고 나면 그다음에 밥 먹을 때 또 떨지 않을까 걱정하며 손을 쳐다보고, 쳐다보니 긴장되어서 떤다. 이게 반복되면 신경은 온통 떨림이 나타나는 부분으로 쏠린다.

이렇게 자기초점주의가 심해지면 외부세계와 단절되고, 감시하는 나와 감시당하는 나와의 관계만 형성된다. 극단적인 경우는 다른 사람이 보지 않고 있을 때도 감시하는 자기 자신이 있어서 이를 의식해 떠는 사람도 있다.

마음의 창문을 열고 외부와 접촉하자

말할 때는 내 떨리는 목소리만 신경써서 상대방이 하는 말을 듣지 못해 흐름을 놓친다. 노래를 하거나 춤을 출 때도 집중하기 어렵다. 이 문제에서 벗어나려면 '멈풀연' 내용에서 말한 것처럼, 마음의 창문을 열어 외부의 세상과 접촉해야 한다.

필자는 이 문제를 상담사 일을 하면서 고칠 수 있었다. 초보 상담사 시절, 말하면서도 지금 잘하고 있는 것인지 자꾸 걱정했다. 그런데 나만 신경쓰기에는 상대방의 사정이 급박하고 절실했다.

또 돈을 받고 이야기를 들어주니 그만한 값을 해야 한다는 마음이 내 집중력을 높여주었고, 자기초점주의를 줄이는 데 큰 도움이 되었다.

자기초점주의가 심한 내담자와 상담을 할 때는 서로 게임을 하기도 했다. 우리는 서로 관찰자-피관찰자 역할을 바꾸어 가며 했다. 정해진 짧은 시간 동안에 상대방에게서 나타나는 정보를 최대한 많이 찾는 게임이다.

이 실험을 통해 우리는 관찰자 역할을 할 때는 긴장을 덜하고, 관찰을 당하는 입장에 있을 때는 좀더 긴장하게 된다는 것을 알 수 있었다. 또한 상대방을 관찰하면서 나만 긴장하는 것이 아니라, 상대방도 어색하고 긴장한다는 사실을 알게 되어 모두가 편해졌다.

다양한 불안 상황에서 적용하기

우리가 살아가면서 부딪치는 다양한 불안 상황에 위의 내용을 적용해보자.

밥을 먹을 때

최초 내가 긴장해서 떨 것 같은 생각이 든다면, 나는 시선을 그쪽으로 돌리지 않고 최대한 상대방을 쳐다보려고 한다. 표정, 자세, 동작을 관찰하면서 상대방의 몸 상태나 기분을 파악한다.

그 후 무엇이든 말을 걸며 상대방과의 대화에 집중하고, 손을 보지 않고 숟가락이나 젓가락을 집는다. 그래도 손이 떨릴 것 같으면 숟가락이나 젓가락으로 손을 가져감과 동시에 숨을 들이마시고, 이를 들어올리는 동시에 내쉰다. 이를 정지 동작이 아닌 연속 동작으로 호흡과 일치시키면, 적어도 숨을 들이마시고 내쉬는 순간은 떨지 않는다.

사진을 찍을 때

혼자 내 얼굴을 찍을 때 카메라 렌즈를 보면 긴장하지 않을 수 없다. 렌즈는 사람이 아니니 그걸 쳐다볼 때 당연히 자연스러운 표정이 나올 수 없다.

다른 사람을 찍어줄 때는 상대에게 나타나는 흥미로운 부분을 찾거나 카메라 위에 내가 좋아하는 동물이나 캐릭터가 있다고 상상하며 볼 때 조금 더 편해진다.

누가 나를 찍어줄 때도 그와 이런저런 수다를 떨다가 무심결에 찍으면 자연스러운 사진을 얻을 수 있다. 사진 찍힌다고 생각하고 멈춰 있는 시간이 길수록 긴장이 심해지니, 최대한 빠르게 찍는 것이 요령이다.

발표하거나 강의할 때

자신이 이야기할 때 눈을 반짝이거나 고개를 끄덕이면서 잘 호응해주는 청중을 찾는다. 그 반응을 계속 바라보고 느끼면 마음이 편해진다.

또 다른 방법은 청중을 열심히 관찰하면서 발견한 것을 말해주는 것이다. "봄이 와서 그런지 옷 색깔들이 밝아지셨네요." "~님이 리액션이 좋으셔서 제가 기분이 좋은데요. 같이 이야기하는 게 즐거워서 평소 사람들이 좋아하시겠어요"와 같이 말하면 사람들은 그쪽을 쳐다본다.

긍정적인 경험이 긍정적인 생각을 낳는다

생각만 한다고 해서 생각이 변하기란 쉽지 않다. 생각은 경험을 통해 만들어진다. 어떤 좋은 경험을 해야만 생각도 긍정적으로 바뀐다.

한때 긍정심리학이 유행했다. 긍정적인 생각을 해야 삶이 변한다고 이야기한다. 분명 맞는 말이다. 생각에 따라 기분이 변화하고, 좋은 기분일 때 더 좋은 일이 일어난다.

문제는 긍정적인 생각을 하는 것이 매우 어렵다는 것이다. 억지로 긍정적인 생각을 해도 마음속에서 금세 부정적인 생각이 꼬리를 든다. 머리로는 괜찮다고 말하지만 마음속에는 두려움이 크다. 왜 그럴까? 왜 긍정적인 생각을 하거나 그것을 깊이 느끼는 게 어려울까?

사람들이 부정적인 생각을 많이 하는 것은 실제 세상이 위험하기 때문에 당연하기도 하고, 자신을 보호하거나 발전하기 위해 필요할 때도 있기 때문이다.

생각은 경험을 통해 만들어진다

또한 생각은 경험을 통해 만들어진다. 어떤 좋은 경험을 해야만 생각도 긍정적으로 바뀐다.

내가 대학원 석사 논문을 쓰기 위해 발표불안 그룹상담을 진행할 때였다. 당시 나는 덜덜 떨면서 오프닝 멘트를 시작했다. 첫 회기가 끝나고 참가자들이 나를 얼마나 안 좋게 볼지 두려웠다. '아, 진짜 이상하네' '상담사가 저렇게 떨면 어떻게 믿고 상담을 하지?' '실력이 없어 보이네'와 같은 말들이 마음속에서 들려왔고, 그날 이불을 뒤집어쓰고 끙끙댔다.

그래도 포기하지 않고 2회기를 진행했다. 2명이 그룹에서 나갔지만, 나머지 6명은 남았다. 다행인 것은 그렇게 끝까지 함께한 사람들과 따뜻하고 즐거운 시간을 보냈고, 떨었지만 실패가 아닌 행복한 경험이었다.

그 후로 사회불안 자조모임 '이미 아름다운 당신'이라는 인터넷 카페를 만들었다. 떠는 사람들을 모아 소모임과 정모를 진행했다. 매번 많이 긴장하고 떨었지만, 끝날 때는 편해졌고 친해졌다. 이런 경험이 반복되니 생각이 바뀌었다. 예전에 했던 '사람들이 나를 못났다고 보지 않을까?'와 같은 걱정이 '떨어도 사람들이 날 좋아해' '같이 떨거나 약점을 보이면 친해지기 쉽구나'와 같은 생각으로 바뀐 것이다.

마음이 그렇게 변하니 떠는 나를 더 편하게 바라볼 수 있었다. 그러니 떠는 시간과 강도가 점점 더 줄어들었다.

편한 친구를 만나면 노력하지 않아도 나아진다

'자존감 도둑'이라는 말이 있다. 자꾸 지적하고 비판하는 사람이 곁에 있으면 정신력이 강한 사람이라도 점점 자신감이 떨어지고, 자신을 부정적으로 인식하게 된다. 자주 만나는 친구나 연인 또는 부모에게 매일 조금씩 영향을 받는다고 해도 그게 쌓이다 보면 나중에는 큰 영향을 받는다.

반면 '덜덜이'를 명창으로 만들어주는 친구도 있다. 대학 선배 용규 형과 인사동 주점 '천강에 비친 달'에 갔을 때였다. 기타를 치고 노래해도 되는 곳이라 조심스레 불러보았다. 처음엔 긴장해서 노래를 작게 불렀는데 형이 "너 노래 잘한다.

와, 진짜 좋은데?"라는 말을 해주었다.

처음에는 믿지 않았지만 여러 번 말해주니 점점 더 편해졌다. 그러자 노래를 크게 부를 용기가 생겼다. 긴장이 풀리니 노래도 절로 크게 나오고 아주 높은 음도 올라갔다. 그걸 느끼니 더 용기가 생겨서 그날은 매우 어려운 노래를 여러 곡 불렀다. 주변 테이블 손님들이 박수도 많이 쳐주고, 공짜 술과 안주도 선물받았다.

그 뒤로 다시 덜덜이가 되었지만, 나는 그날의 기억을 잊지 못한다. 그와 같은 기억들은 내 마음이 추운 겨울일 때도 나를 지켜준다. 내 자체가 못난 게 아니라 이런저런 이유 때문에 떨고 있을 뿐이고, 좋은 관계 속에 있으면 노력하지 않아도 내가 빛난다는 것을 알게 되었다. 이후로 나는 자책하는 대신에 어떻게 편안한 관계를 만들지, 또는 어떤 자리가 더 좋을지 고민하게 되었다.

자신감,
성공할 수밖에 없는 조건 만들기

내 약점을 솔직히 드러낼 때 상대방도 약점을 드러낸다. 요령은 나를 낮추거나 비하하지 않으며 누구나 이해할 수 있는 말로 개방하는 것이다.

자신감을 키운다고 지하철이나 공원처럼 사람들이 많은 곳에서 연설하는 사람들이 있다. 이는 운동선수들이 담력을 키운다고 밤에 공동묘지를 찾아 훈련하는 식이다. 필자도 자신감을 키우려고 많은 사람들이 모여 있는 곳은 어디서든 나서서 말하고 노래하려고 했다.

여러 가지 노력을 하면서 많은 것을 깨닫고 배우기도 했지만, 떠는 것은 좀처럼 나아지지 않았다. 어떤 날은 덜 떨고 잘 된 날도 있었다. 그런데 그런 경험이 다음으로 잘 이어지지는 않았다.

무엇이 문제였을까? 매일 노력하지 않고 띄엄띄엄했던 것이 문제였을까? 아니면 해골바가지 물을 마시고 깨달음을 얻었다는 원효대사처럼 더 깊은 깨달음이 필요했던 것일까?

문제에 대한 해답을 여러 경험을 통해 조금씩 얻게 되었다. 여러 이유와 해법이 있지만, 그 중 가장 강력한 것 하나만 남기라고 한다면 바로 이것 하나만 남기겠다.

변화하기 위해 가장 중요한 요령은 '성공할 수밖에 없는 조건이나 상황'을 만드는 것이다. '해보니 생각보다 더 쉽구나, 생각보다 잘되는구나'라는 생각이 들어야지 계속 도전하고 자신감도 생긴다.

성공할 수밖에 없는 조건과 상황

어떤 상황과 조건이 성공하기 좋을까? 다음의 4가지를 명심하자.

첫째, 마음을 주고받는 게 중요한 행동을 한다. 생일축하 노래가 그렇다. 가수 지망생이라면 무대에 바로 서는 것보다 자원봉사하러 간 양로원이나 고아원에서 노래하는 일이 더 따뜻한 반응을 얻게 될 것이다.

나는 사회불안 자조모임인 '이미 아름다운 당신'에서 정모, 소모임, 그룹상담 등 다양한 모임을 진행했다. 덜덜 떨면서 말해도 사람들이 나를 좋아했다. 서로 마음을 주고받으면서 위로하는 자리였기 때문이다. 정치적 입장이 같은 사람들과 참가한 집회, 종교행사, 자원봉사에 참여해서 활동할 때는 '잘해야 한다'는 압박감이 적다. 그리고 보다 본질적인 부분, 즉 마음을 주고받는 것에 집중하기 쉽다.

둘째, 실수를 즐기는 사람들과 같이 행동하라. 어떤 친구는 음치와 박치였다. 그런데 주변 사람들이 아무리 뭐라고 해도 자신은 신 나게 노래했다. 듣기 곤란할 정도였지만 때론 즐겁고, 같이 편하게 노래를 부를 수 있어서 좋았다.

어떤 방법들은 완벽주의에서 벗어나도록 도움을 준다. 한 미술치료 워크숍에서 선생님은 '눈감고 그리기' '일부러 얼굴 못생기게 그리기' '안 쓰는 손으로 그리기' 등 잘 그리기 어려운 조건을 제시했다. 처음에는 그런 것들이 어색하고 이상했다. 그러다 점차 잘해야 한다는 압박감이 사라지니, 그 행위 자체와 순간순간의 내 감정과 욕구에 집중할 수 있었다.

셋째, 무언가를 도전할 때 성공의 기준을 '배움' 또는 '경험'으로 설정하라. 이를테면 당신이 면접관 앞에서 덜덜 떤다면, 떨지 않고 말하는 것을 목표로 삼아서는 안 된다. '나는 어떤 걱정을 해서 떠는 것일까?' '공격적인 면접을 하는 면접관은 어떤 사람일까?' '다른 면접자들은 마음을 편히 다스리는 어떤 노하우를 가지고 있을까?'와 같은 질문을 하며 무언가를 발견하거나 배우는 것을 목표로 삼아보자.

넷째, 숨기지 않고 서로의 마음을 아는 대화를 하라. 앞서 커밍아웃만큼 떨림증 극복에 도움이 되는 것은 없다고 말했다. 내 약점을 솔직히 드러낼 때 상대방도 약점을 드러내고, 그 과정을 서로가 수용하고 이해하면서 친구가 될 수 있다.

이때 요령은 나를 낮추거나 비하하지 않으며 누구나 이해할 수 있는 말로 개방하는 것이다. "나는 사회공포증이야"라고 말하면 사람들은 이해하기 어려울 수 있다. 그러니 쉽게 "나는 사회생활을 잘해보려는 마음이 커서 더 긴장해. 그래서 더 많이 떠는 것 같아"라고 말해보자.

이렇게 쉬운 말로 고백을 하면 상대방도 이해하기 쉽고, 그들도 자신의 어려움을 이야기해줄 것이다. 노래방에 가서 노래를 부르거나 사진을 찍을 때 어색해하는 사람들은 많다. 그러니 그런 주제로 자연스럽게 공감대를 형성해가다가 점차 깊은 이야기로 진행하는 것이 요령이다.

두근두근,
도전 목록 작성의 요령

이 실험의 목적은 '노출'이 아닌 마음의 '교류'다. 서로 수용하고 이해하는 마음이 오가면 저절로 떨림이 줄어들고, 떨어도 행복한 경험을 하게 된다.

변하기 위해서는 행동해야 한다. 단지 생각만으로는 아무것도 달라지지 않는다. 여기 사람들이 떨림증에서 나아지기 위해 도전하는 실험 목록이 있다.

실험 목록 예시

시장에서 과일 살 때 하나 더 달라고 해보기, 낯선 사람에게 말 걸기, 친구들과 대화할 때 먼저 화제를 꺼내기, 연락이 뜸한 친구에게 연락하기, 길거리에서 노래 흥얼거리기, 혼자 영화 보기, 이웃집 사람에게 인사하기, 면접 보기, 가족이나 친구들에게 내 떨림에 대해 고백하기, 남 앞에서 노래 부르기, 인터넷에 고민 올리기, 식사메뉴 정할 때 먹고 싶은 것 솔직하게 말하기, 약속 정할 때 나가기 싫은 마음을 솔직하게 표현하기, 발표 잘하는 사람들에게 발표할 때의 생각·느낌·요령 등을 들어보기, 회의 시간에 의견 말하기, 덜 친한 직장동료와 밥 먹기, 상대방 의견에 반박해보기

주의사항과 요령

이를 위해서는 몇 가지 주의사항과 요령이 있다.

가장 쉬운 것부터 시작하자

해보고 실패하면 더 도전하기 어렵다. 난이도를 1점에서 7점 또는 10점으로 부여해서 가장 쉬운 난이도부터 시작한다. 1점이 가장 편안한 것이고, 10점이 가장 불안한 실험이다.

대상을 구체화하자

막연하게 '친구에게 말해보자'라고 적는 것보다 친구 '누구'에게 고백한다고 적으면 행동으로 옮기기 좋다.

서로의 힘든 마음이나 사정을 아는 대화를 나누자

떨림증의 핵심에는 깊은 부끄러움이 있다. 이를 극복하려면 남들도 어려움과 부족함이 있다는 사실을 아는 것이 필요하다. 주변 사람 중에서 친해지고 싶은 사람을 골라 힘든 점을 물어보고 그를 위로해보자. 그러면서 동시에 내 힘든 점도 말해보자. 상대방도 부족한 점이 있다는 것을 안다면, 나도 말하기가 덜 부끄러워진다.

상대방을 존중하며 내 것을 표현하자

나의 감정, 욕구, 의사 표현을 할 때 상대방을 반대하기보다 존중하면서 표현하는 게 더 쉽다. 토론을 한다면 상대방 의견의 좋은 점을 칭찬해주면서 "한편으로는 이런 점은 어떻게 생각하세요?"와 같은 완곡한 화법이 필요할 것이다.

내가 먹고 싶은 음식을 주장할 때는 한 가지만 이야기하는 것보다 내가 먹고 싶은 몇 가지 음식을 이야기하면서, 상대방이 그 중에 선택하도록 하는 것도 방법이다.

이렇게 하나둘 도전하며 당신은 사람들에 대해 보다 많은 것을 알게 될 것이다. 필자도 만나는 사람마다 내 떨림증에 대해 이야기하고, 상대도 두려운 게 없는지를 계속 물으며 다니곤 했다.

그 과정에서 사람마다 약점과 아픔, 두려움이 없는 사람은 없다는 사실을 알게 되었다. 차갑게 보이는 사람도 사실은 긴장을 많이 하거나 뭔가 불편한 점이 있다는 것도 알았다. 생각보다 사람들이 외롭고, 누군가 마음을 열고 다가오길 바란다는 것도 알게 되었다.

실험의 목적은 인지행동치료에서 말하는 것처럼 '노출'이 아닌 마음의 '교류'다. 우리가 관계 속에서 두려움과 수치심이 생겨났기에 서로 수용하고 이해하는 마음이 오가면 저절로 떨림이 줄어들고, 떨어도 행복한 경험을 하게 된다.

삐딱이가 문제를 해결한다

당연하게 생각하던 것을 의심하고 반문해보자. 삐딱한 시선이 새로운 길로 이끈다.

때로는 우리가 당연하다고 생각하는 것들이 두려움을 만들어 낸다. 사람들이 대중 앞에서 이야기하거나 일대일로 이야기할 때, 불안을 야기하는 생각들은 다음과 같다.

'내가 긴장하고 떠는 모습을 보면 사람들이 소심하다고 생각하고 못났다고 생각할 거야.'

'(직장에서) 자신감 없고 떠는 모습을 본 상사는 날 무능하다고 생각할 거야.'

'(친구와) 우울해 보여서 나랑 있는 게 재미없고 불편할 거야.'

'논리적으로 말하지 못하면 날 한심하게 생각할 거야.'

'얼굴이 빨개지고 손을 떠는 내 모습을 보면 나약하다고 생각할 거야.'

'목소리를 떨면 날 찌질하고 매력 없는 사람으로 볼 거야.'

걱정 자체가 심한 긴장을 유발시키다

사실 떨림증이 있다기보다 이런 생각을 하기 때문에 떤다. 떨림증이 있는 사람이라도 아무 생각이 없는 순간, 자다 일어나서 엉겁결에 무엇을 하는 순간이 오면 떨지 않는다. 병이 있어서 과거에도 떨고 지금도 떠는 게 아니라, 예전에 떨었던 기억을 떠올리면서 '또 떨지는 않을까, 사람들은 나를 안 좋게 보지는 않을까' 하는 그 걱정 때문에 떤다. 이런 걱정 자체가 심한 긴장을 유발시키기 때문에 떠는 것이다.

과거와 현재는 기억이라는 매개체에 의해 연속성이 생긴다. 따라서 우리는 아무 생각 없이 대화하고 발표하면, 더 편안하게 자신의 잠재력을 최대한 발휘할 수 있다. 그러나 아무 생각 없이 사람들을 만나기가 쉽지 않다.

수많은 두려움이 발목을 잡는다. 사람들에게 잘 보이거나 잘못 보이지 않는 것이 매우 중요하기 때문이다. 사회생활에서 누군가에게 미움을 사거나 따돌림을 당한다는 것은 얼마나 무서운 일인가. 그래서 우리는 걱정을 한다.

이 걱정은 필요하지만 조금 더 유연하게 할 수 있다. 2가지 방법을 소개하겠다.

걱정을 유연하게 하는 반문법

반문법은 내가 하고 있는 생각을 반대로 해보는 것이다. 소심하면 안 된다는 생각이 든다면 '소심하면 안 돼?' 하고 반문하고, 우울해 보이면 안 된다는 생각이 든다면 '우울하면 안 돼?' 하고 반문하는 것이다. 몇 가지 예를 더 들어보겠다.

'논리적으로 말해야 한다' → '장황하거나 두서없으면 안 돼?'
'소심해 보이면 안 된다' → '소심해 보이면 안 돼?'
'대화를 주도해야 한다' → '상대방이 대화를 주도하면 안 돼?'

일반적인 진술을 다른 가능성이 포함된 진술로 바꾸기

살다 보면 당연하게 생각하던 게 그렇지 않다는 것을 알게 되는 순간이 있다. 언젠가 길을 걸을 때 아스팔트를 뚫고 올라온 노란 민들레를 본 적이 있다. 유해물질로 가득한 아스팔트를 그 여린 식물이 뚫고 나오는 게 얼마나 경이롭던지. 그 후로 필자는 아스팔트를 '식물이 자랄 수 없는 곳'에서 '어쩌면 꽃이 필 수도 있는 곳'으로 생각하게 되었다. 우리가 하는 생각도 마찬가지다. 다음과 같이 새로운 가능성을 심어보자.

'내가 긴장하고 떠는 모습을 보면 사람들이 소심하다고 생각하고 못났다고 생각할 거야' → '나의 소심함을 좋아하는 사람도 있지 않을까?'

'우울해 보여 나랑 있는 게 재미없고 불편할 거야' → '우울해서 코드가 맞는 사람도 있지 않을까?'

힘 빠지게 하는 말vs. 기운 나게 하는 말

할 말이 생각나지 않는 순간에 먼저 "아, 이런. 잊어버렸네요. 당황스럽군요! 죄송합니다"라면서 웃어넘기자. 이 말을 하고 나면 긴장이 조금 풀린다.

우리가 어떤 상황에서 스스로 중얼거리는 말이 있다. 이를 '셀프 토킹(Self-talking)'이라고 한다. 습관적인 말들을 하면서 맥이 빠지기도 하고, 반대로 희망을 품기도 한다.

가희는 필자와 오랜 기간을 상담해왔다. 그녀는 과거에 겪은 상처가 많아서 앞으로 나아가는 과정이 쉽지 않았다. 그래도 그녀는 꾸준히 상담을 받으며 노력했고, 필자는 그녀에게 그동안 나아진 것들에 대해 이야기해주었다. 그러자 그녀는 "조금 나아지기는 했지만 여전히 안 되는 것이 많아요"라고 말했다.

나는 순간 그녀의 혼잣말이 그동안 맺은 열매를 온전히 자양분으로 흡수하기보다 그냥 맨땅으로 던져버리는 느낌을 받았다. 그래서 나는 앞 문장과 뒤 문장을 바꾸어 말해볼 것을 제안했다. "여전히 안 되는 게 많지만, 난 조금씩 나아지고 있어요."

어떤가? 문장구조를 반대로 뒤집은 것뿐인데, 뒤의 문장은 희망적이고 내가 무언가를 잘하고 있다는 느낌이 든다.

셀프 토킹의 예들

또 다른 셀프 토킹의 예를 살펴보자. 게슈탈트 치료자인 필 조이스(Phil Joyce)와 샤롯데 실즈(Charlotte Sills)가 쓴 『게슈탈트 상담과 심리치료 기법(Skills in Gestalt Counselling & Psychotherapy)』이라는 책에는 다음과 같은 예시가 있다.

알리사는 작은 실수를 할 때마다 혼잣말로 '난 정말 멍청해. 난 어느 것도 제대로 할 수 있는 게 없어'라고 중얼거렸다. 이 생각을 하면서 불안해지고 근육이 긴장되는 것을 알게 되었다. 그러나 그녀는 두 개의 대학 학위와 투자 중개인으로 성공한 사람이었고 일을 잘할 때가 많았다. 그래서 상담가는 그녀에게 '나는 매우 똑똑해. 나는 종종 일을 잘하고 있어. 그리고 가끔 실수도 해'라고 말해보도록 제안했다. 이는 부분적인 문제를 마치 전체적인 문제로 확산시키는 문장구조를 바꾼 예다.

내가 문제에 대한 주체임을 깨닫고 통제감을 찾도록 도와주는 셀프 토킹도 있다. 떨림증을 가진 사람들은 흔히 "사람들의 시선이 의식돼요" "눈치가 보여요" "신경이 쓰여요"라는 말을 많이 한다. 나는 이를 "시선을 의식하고 있어요" "눈치를 보고 있어요" "신경을 쓰고 있어요"라고 바꿔 말해보는 실험을 해보도록 제안한다.

이를 통해 우리는 어쩔 수 없는 상황이라는 느낌에서 벗어나 내가 필요에 의해서 무언가를 능동적으로 하고 있다는 것을 깨닫는다. 상대방에게 잘 보이고 싶거나 안 좋게 보이고 싶지 않아서 '어떻게 말하고 행동해야 하나' 걱정하고 있다는 것을 알게 된다. 전자의 방식은 내가 뭔가 못나고 무기력하다는 느낌이지만, 후자의 진술은 내가 능동적으로 상황에 대처하고 있다는 것을 깨닫게 해준다.

어떤 셀프 토킹들은 자신감을 줄이는 데 영향을 준다. 바로 '~한 것 같아요' '좀' '약간'이라는 말을 습관적으로 쓰는 사람들이 있다. 이런 단어는 자신의 생각이나 감정을 신뢰하지 못하고 축소시키는 역할을 한다. 이를 '~합니다'나 '약간' '조금'을 빼고 말하면 자신의 감정을 선명하게 느끼고, 자신감 있게 생각을 표현하게 된다.

발표나 대화 상황에 직접적인 영향을 주는 셀프 토킹들이 있다. 할 말이 갑자기 생각이 안 날 때 '아, 큰일이다. 어쩌지?'라고 생각하기도 하고, 이런 일이 자꾸 일어나면 '또 생각이 안 나면 어쩌지?' 하고 걱정한다.

사실 말하다가 긴장하면 생각이 안 나는 순간은 종종 생긴다. 이때 당황하지만 않으면 할 말이 생각난다. 할 말이 생각나지 않는 순간에 먼저 "아, 이런. 잊어버렸네요. 당황스럽군요! 죄송합니다" 하고 말하면서 웃어넘기자. 이 말을 하고 나면 긴장이 조금 풀린다. 그리고 '떠오를 거야. 떠오르게 되어 있어'라고 생각하자. 그러면 오래 지나지 않아서 생각이 떠오른다.

셀프 토킹을 할 때는 현실을 고려하지 않은 무조건 긍정적인 말이어서는 효과가 없거나 적을 수 있다. 나를 비판적으로 보는 청중이 있을 수 있다. 그런데 무조건 '사람들은 날 이상하게 보지 않을 거야'라고 되뇌인들, 우리 마음은 그 말을 받아들이기 힘들다.

오히려 '날 비판적으로 보는 사람들도 있고, 그렇지 않은 사람들도 있어. 지금은 우선 나를 호의적으로 보는 사람들과 잘 지내보자'와 같이 생각하자. 이런 현실적인 대안이 마음으로 받아들이기가 쉬울 것이다.

최면치료사의 주머니에서 훔쳐온 이미지 트레이닝

긍정적인 생각만 하는 것보다 긍정적인 일이 일어나는 상상을 할 때 자신감이 커진다.

사람이 생각만으로 자신감을 찾기란 쉽지 않다. 많은 이들이 머리로는 '잘할 수 있을 거야'라는 주문도 외워보고, 긍정적인 생각도 해본다. 하지만 가슴에는 부정적인 느낌이 좀처럼 사라지지 않는다. 당연하다. 생각은 추상적이어서 큰 느낌을 주지 않는다. 이 생각이 힘을 얻으려면 뭔가 고개가 끄덕여지는 경험이 뒷받침되어야 한다.

직접 좋은 경험을 하는 게 가장 좋지만, 그렇게 하기 어려울 때 상상을 통해 긍정적인 체험을 할 수 있다. 다음에 소개하는 3가지 이미지 작업들은 생각뿐 아니라, 공감각적 차원에서 체험을 하도록 돕는다. '생각-감정-신체' 차원에서 함께 반응이 이루어지기 때문에 더 와닿고 마음속 깊이 스며든다.

마치 그런 것처럼 행동하라: act as if~

이 방법은 스포츠 분야에서 많이 활용되고 있다. 야구 경기에서 투수가 공을 던지기 전에 이미 스트라이크를 꽂아 넣었다고 상상하고 공을 던지거나, 양궁 선수가 과녁에 화살을 꽂아 넣었다고 상상하고 활시위를 당기는 것이다.

비록 상상이지만 우리는 상상을 통해서 간접체험을 한다. 상상 속의 성공 체험을 통해 긴장도 풀어지고, 자신감도 얻을 수 있다. 그런 후 뭔가를 한다면 긴장 상태에서 바로 하는 것보다 훨씬 더 좋은 성과를 거둘 수 있다.

무서운 이미지를 재미난 것으로 바꾸기

'또라이짱'이라는 재미있는 필명을 가진 작가의 책 『똘기 충만 일탈 백서』에는 다음과 같은 내용이 나와 있다. 저자는 입사 면접을 볼 때 다음과 같은 방법으로 떨지 않고 할 말을 다하고 나올 수 있었다고 한다.

'고상하게 다리를 꼬고 앉은 저 단발의 면접관 팬티에 똥이 묻어 있다. 나를 지금 코너로 몰아넣고 있는 이 양반도 사실은 팬티에 똥이 묻어 있다. 내 이야기에 부담스럽게 귀기울이고 있는 옆의 면접자도 알고 보면 팬티에 똥이 묻어 있다.'

필자도 대학시절에 아름다운 여성을 볼 때 심하게 울렁거리곤 했었다. 눈을 어디에 둬야 할지 몰라 진땀이 나곤 했다. 그럴 때 나는 그 여성을 엑스레이 사진에 나온 뼈다귀로 보려고 하거나 그 여성이 나이가 들어 할머니가 된 상상을 하곤 했다. 그러면 마음이 조금은 편안해졌다.

좋은 이미지에 동일시해보기

힘겨웠던 군 생활 시절, 필자는 텃밭에서 호박을 기른 적이 있었다. 호박 모종을 사다 심고, 한동안 호박이 자라지 않아 들여다보고 또 들여다보면서 빨리 자라지 않는 것이 답답했다.

그러다 줄기가 늘어가고 잎이 몇 개 더 생긴 후로 하루가 다르게 호박넝쿨이 밭을 뒤덮는 것을 봤다. 어느새 호박이 여럿 달리고, 무럭무럭 자랐다. 나는 호박이 커 가는 모습에서 삶의 희망을 찾곤 했다. '그래, 나도 저 호박과 같아. 어느 시기에는 잘 자라지 않지만, 시간이 흘러서 어느 정도 성장하고 나면 폭발하듯 성장하는 날이 올 거야'라고 말이다.

이렇게 마음먹으면서 힘든 시기를 견뎠다. 눈부시게 빛나는 황금색 호박을 상상하기도 했고, 내 몸에서 줄기가 자라고 잎이 커져가는 상상도 했다.

말을 해야 한다는 부담감을 떨치자

대화는 둘이 함께하는 것이다. 상대도 대화를 같이 이끌어 가리라는 것을 믿고, 내가 할 만큼만 하면 된다고 생각하면 마음이 편해진다.

모임에서 침묵이 흐르면 고통스러워하는 사람들이 많다. 무언가 말을 해야 하는데 무슨 말을 꺼내야 할지도 모르겠고, 그래서 누가 말을 해줬으면 하는데 나서는 사람이 없는 상황에서 압박감을 심하게 느낀다.

다음은 그룹상담 도중에 나온 이야기다.

"누가 먼저 말을 해줬으면 좋겠어요. 내가 먼저 말을 안 하고 있는 상황에서 점점 더 숨이 막히고 빨리 집에 가고 싶어져요."

그렇다면 왜 많은 이들이 이런 상황에서 말을 해야 한다는 부담감을 느낄까? 다른 시각에서 보면 할 말이 없는 것이 당연할 수도 있고, 침묵이 그리 나쁘지 않은 것일 수 있다. 그런데 많은 이들은 침묵은 좋지 않은 것이고, 자신에게 그 책임이 있다고 느끼는 것 같다.

공허한 침묵과 비옥한 침묵

침묵에는 2가지 종류가 있다. 그것은 바로 공허한 침묵과 비옥한 침묵이다.

공허한 침묵은 말이 태어날 기회를 주지 않는 진공상태로 볼 수 있다. 분명 하고 싶은 말이 있음에도 눈치를 보느라 말을 삼킨다. 물론 떠오르는 생각과 감정을 눈치 없이 말하면 사회생활을 하기 힘들기에 조심할 필요도 있다.

다만 크게 문제되지 않는 것들까지도 조심하다 보니 말할 기회를 놓친다. 그러다가 내가 생각했던 것을 다른 사람이 말하면 '아, 나도 그렇게 생각했는데' 하면서 말하지 않은 것을 후회한다. 이 경우에는 침묵보다 말을 하는 것이 좋다.

반면 비옥한 침묵은 말과 말 사이에 거름을 주는 침묵이다.

말하느라 지친 몸과 마음을 쉴 수 있고, 상대방이 한 말을 생각하고 느끼면서 보다 더 깊이 이해하고 공감하는 시간이다. 또한 포장지로 선물을 싸는 것처럼 내 마음을 보다 잘 전할 수 있는 말을 고르는 시간이기도 하다. 이런 침묵이라면 편안하게 생각하고 즐기면 된다.

은주는 일대일로 누군가를 만나는 일이 고통스럽다. 긴장이 많이 돼서 머리가 하얘지고 할 말이 생각나지 않는다고 했다. 그녀는 대화를 이끌어야 한다는 부담감이 크다고 말했다.

사실 이끌어야 한다는 전제부터 잘못되었다. 대화라는 건 둘이 함께하는 것이다. 한 사람이 더 큰 책임을 지고 이끌어간다면, 상대방을 동등하게 대하는 것이 아니다. 그리고 혼자서 무거운 짐을 지는 행위는 누구든지 부담스럽고 긴장하기 쉽다.

따라서 상대도 대화를 같이 이끌어 가리라는 것을 믿고, 내가 할 만큼만 하면 된다고 생각하면 마음이 편해진다. 물론 경우에 따라서 자신이 대화를 이끌어야 하는 상황도 있고, 상대가 말수가 적을 때도 있다. 그런 상황이더라도 내가 이끌기는 이끌되, 내가 진 짐을 상대와 같이 짊어지게 할 수 있다.

상대와 책임을 나누는 방법은 첫째, 앞서 설명한 '탁구 대화법'이다. 내가 조금 말하고 상대방에게 되묻고, 그 말에 내 마음을 간단히 표현하고, 다시 질문하는 방식으로 하면 부담이 훨씬 덜어지고 상호작용이 많아져 대화가 지루해질 틈이 없다.

두 번째 방법은 발상의 전환이다. '무슨 말을 해야 할까?'라는 생각은 상대방과 상관없이 뜬구름을 잡는 것이다. 대신에 '상대가 무슨 말을 하고 싶을까?'라고 생각해보고 "요즘 관심 있는 취미나 활동이 있나요?"라고 직접 물어보자. 화제를 찾느라 고민할 필요도 없고, 상대는 자신이 좋아하는 이야기를 할 수 있어서 좋다.

나는 하고 싶은 말을 한다, 고로 존재한다

말수가 적은 이들은 주변 사람들에게서 "말 좀 해봐"라는 이야기를 듣곤 한다. 상대방은 악의 없이 무심코 던진 말이겠지만, 그 말은 조용한 사람들에게 비수로 꽂힌다. 그렇지 않아도 말하는 것이 어려운데, 말 좀 해보라는 말을 들으면 더 위축된다.

은주 씨는 그룹상담에서 이렇게 말했다.

"누가 말 좀 해보라고 하면 긴장이 돼서 더 말을 못하겠어요. 하고 싶은 말을 하는 게 아니라 자꾸 '무슨 말을 해야 하지?' 라는 생각 때문에 할 말이 생각나지 않는 것 같아요."

'말 좀 해봐'라는 말은 매우 무례하다. 둘 사이에 말이 없는 것은 친하지 않거나 불편한 관계에서 당연하다. 이때 말하라고 강요하는 것은 상황에 대한 책임을 떠넘기는 것이다.

이런 강요는 수직적인 관계에서 '갑질'로 나타나기도 한다. 원치 않는 술자리를 강요하고, 노래나 춤을 시키는 상사도 있다. 한 사람의 즐거움을 위해 약자들이 희생을 하는 우리의 슬픈 현실이다.

반대로 평등하고 허용적인 관계에서는 상대방을 존중한다. 말이 없어도 상대방의 개성이라고 생각하거나 이상하다는 생각 자체가 없어 별 생각을 안 할 수도 있다. 이런 관계에서는 무슨 말을 해도 편하다. 편하기 때문에 솔직하게 말하고 자유롭게 행동한다. 마치 어린아이들처럼 별것 아닌 것도 재미있고 저절로 웃음이 나온다.

물론 서로 말없이 가만히 있으면 어색하고 답답할 수도 있다. 그것도 자연스러운 관계의 일부지만 정 불편하면 말해보라는 강요 대신 "지금 무슨 생각해요?"라고 물어볼 수 있다. 그러면 말수가 없는 사람도 자신의 마음을 더 편하게 이야기할 수 있다.

만약 당신이 강요를 당하는 입장이고 을의 입장이라면, "아, 그런가요?" 하고 웃거나 "혹시 궁금한 거 있어요? 물어보시면 말씀드릴게요"라고 말하면서 넘어가면 된다. 만약 평등한 관계라면 "왜 심심해?" 또는 "네가 얘기해줘"라고 말을 할 수도 있다.

중요한 것은 당신이 말을 하지 않는 것이 꼭 당신의 성격 문제이거나 말을 잘 못해서만은 아니라는 것이다. 관계 초기나 불편한 사람과는 하고 싶은 말이 없는 게 당연하다는 사실을 잊지 말자.

말을 잘하고 싶다면, 자꾸 무슨 말을 해야 한다는 생각 대신에 하고 싶은 말을 살펴보자. 하고 싶은 말이 무엇인지 모를 때는 내 몸과 마음에 떠오르는 것을 '있는 그대로' 말하면 된다.

시선을 피하는 당신,
시선 독립만세!

어떻게 바라볼지 걱정이 될 때, 그 걱정을 내려놓고 그저 하고 싶은 이야기에 집중하자. 중요한 것은 존중하는 태도다.

말할 때 눈을 어디에 둬야 할지 어려워하는 사람들이 많다. 여러분은 어떤가? 어떤 사람들은 이를 '시선공포증'이라고 부른다. 이를 또 2가지로 나누어 '정시공포'와 '횡시공포'로 부르기도 한다.

필자는 이렇게 이름 붙이기를 좋아하지 않는다. 이런 행동이 병적인 것이 아니라, 누구나 하고 있거나 할 수 있는 자연스러운 행동이기 때문이다. 다만 이해를 돕기 위해 이 용어로 설명할 것이다.

정시공포와 횡시공포

정시공포는 두 눈을 똑바로 쳐다보기 어려워하는 것을 말한다. 서양과는 달리 한국 문화에서는 상대가 똑바로 쳐다보면 불편해하는 사람들이 종종 있다.

또한 슬프거나 우울한 내 감정을 상대방이 알게 되거나 긴장해서 어색하거나 부자연스러운 표정을 안 좋게 볼까봐 두려워서 시선을 마주치기 어렵다고 답하는 이들도 있다. 감정을 억압하거나 회피하는 관계 혹은 문화에서 나타나는 현상이다. 사실 인간관계에서 상대방의 폭력적인 말과 행동으로 고통을 겪거나 싫은 경험이 지속되면, 점점 상대방을 쳐다보기가 싫어지고 피하는 것은 당연하다.

횡시공포도 마찬가지다. 우리는 누군가가 두렵거나 조심스러워서 곁눈질할 때가 있다. 살다 보면 그럴 수 있는 당연한 일이다. 그런데 횡시공포가 생기는 사람은 '곁눈질하면 안 된다'고 생각해서 이를 들키는 것을 몹시 수치스럽게 생각한다.

또 어떤 이들은 내가 눈을 똑바로 마주치지 못하거나 곁눈질하는 것이 상대를 불편하게 만들고, 피해를 주는 것이라 생각한다. '나'와 '너'가 분리되어 존재하는 서양인의 사고방식에서는 이를 이해하기 어려워 '관계사고(관계없는 것을 관계있다고 생각)'라고 명명하고 정신병의 한 증상으로 본다.

그러나 동양의 사고방식은 너와 내가 연결되어 있고, 나의 행위가 상대방에게 영향을 줄 수 있다고 생각하기 때문에 정신병적이라고 보면 안 된다. 특히 한국과 일본 사람이 '다른 사람에게 폐를 끼치면 안 된다'라는 교육을 많이 받아서 이런 생각을 하기 쉽다.

'내가 이상한가?'라는 생각

정시공포든 횡시공포든 이 문제의 본질은 '불편한 관계'에서 발생한다는 것이다. 우리가 지적을 받으면 '나'만의 문제인 것처럼 생각하기 쉽다. 그래서 '내가 이상한가?'라는 생각이 들면서 수치스럽게 느껴지고, 그 결과 두려움이 더 커지는 것이다.

불편한 관계에서는 내가 소심해서 눈을 잘 쳐다보지 못하는 것이 아니다. 보고 싶지 않거나 상대방이 두렵기 때문에 피하고 싶은 것이다. 전쟁터에서 날아오는 총알을 두려워하는 병사를 우리는 이상하게 생각하지 않는다.

그렇게 내 행동을 당연하다고 생각하고 수용하다 보면, 마음이 더 편해질 때 시선처리가 더 자연스러워진다.

어디를 쳐다보는 것이 좋은가?

대화할 때 누구는 코를 보라고 하고, 누구는 인중을 보라고 한다. 한국 사람 중에는 두 눈을 똑바로 쳐다보는 것을 불편하게 느끼는 사람들이 있다. 그러니 코를 보라거나 인중을 보라는 것은 상대를 쳐다보면서도 적당하게 보라고 생각해낸 방법일 것이다. 이런 방식은 매우 어려운 권력자를 만날 때, 즉 상대가 권위자이고 내가 약자일 때는 도움이 되지만 자연스러운 방식은 아니다.

평등한 관계에서 우리는 감정과 욕구에 따라 눈을 움직인다. 호기심이 생길 때, 흥미롭거나 재미있을 때, 무언가 느낌이 더 많이 올 때, 상대방이 더 좋거나 사랑스럽게 느껴질 때 더 많이 본다.

시선을 피할 때는 눈이 피로하거나 어색할 때, 주변에 다른 자극이 등장할 때 등 다양한 이유로 눈을 돌린다. 이렇게 접촉과 회피가 순환하면서 의식하지 않아도 자연스럽게 교류가 일어난다.

따라서 어떻게 바라볼지 걱정이 될 때는 그 걱정을 잠시 내려놓고, 그저 하고 싶은 이야기에 집중하자. 내가 만약 눈을 잘 마주치지 못한다면 내가 이상한 것이 아니라, 지금은 보는 게 불편할 수밖에 없다고 생각하자.

중요한 것은 존중하는 태도다. 서로 존중만 한다면 안전하게 느껴지는 '마음'이라는 밭에서 공감대가 서서히 거름처럼 쌓여가고, 그 결과 마음이 가까워지는 만큼 시선도 저절로 더 자주, 편하게 서로를 향할 것이다.

청중과 교감하기 위한 발표 준비 요령

발표하기 전에 내용의 순서나 꼭 해야 할 중요한 말은 메모해두는 것이 좋다. 세부적인 부분은 상황에 맡기는 편이 좋다.

사회공포 자조모임 '이미 아름다운 당신' 카페 게시판에 올라온 나경 씨의 질문이다.

"저는 발표하기 전에 대사를 일일이 자세하게 써둬요. 미리 써서 연습하지 않으면 발표하기가 매우 어렵습니다. 애드리브는 못하는 편이고요. 그런데 저는 하루에 3~6시간을 발표해야 하는 직업을 가지고 있습니다. 그 시간 모두 대사를 일일이 써서 연습하는 것이 불가능하지요. 발표를 잘하고 싶은데 적절한 방법이 없을까요?"

나경 씨처럼 불안한 마음에 세세한 부분까지 엄청나게 준비하는 이들이 있다. 이렇게 하는 데 들어가는 시간과 에너지가 커서 다른 것을 하기 어렵고, 삶의 질은 떨어진다.

또한 충분히 준비를 했다고 하더라도 돌발 변수가 생기면, 준비한 멘트가 쓸모없어지기도 한다. 준비한 대로 하지 못했을 때 당황해서 더 긴장할 수도 있다. 게다가 너무 세세한 부분까지 정해두면 기계적이거나 일방적이어서 청중과 교감하기 어렵다.

발표할 때 이렇게 하면 된다

우선 발표내용에 대해서는 충분히 준비가 필요하다. 무슨 말을 하고 싶고 해야 할지 잘 정리할 필요는 있다. 발표 전에 내용의 순서나 빼먹지 말고 말해야 할 중요한 몇 문장 정도는 메모해두는 것도 좋다.

세부적인 부분은 상황에 맡기는 편이 좋다. 자신이 무슨 말을 해야 할지 잘 알고 있다면, 상황이나 청중의 반응에 따라 그때그때 적절하게 바꾸어 말하면 된다.

올림픽이나 광고주 유치와 같은 국가나 회사의 중대한 프레젠테이션이라면 세세한 부분까지 다 외워서 말하는 것이 필요할 것이다. 그러나 대부분의 발표 상황이라면 내가 좋아하는 사람에게 유익한 내용을 전한다고 생각하고 하는 것이 좋다.

완벽한 대처를 하려고 하지 말고 친구와의 대화처럼 마음을 나눈다고 생각하면 편안하다. 그저 발표라고 생각하면 더 완벽해야 할 것 같아 부담스럽지만, 마음을 나누는 것은 완성도보다 좋은 마음이면 충분하기 때문이다.

나 혼자 완벽하게 발표하려고 하는 것보다 약간의 부족함이나 어설픔을 남겨두는 것도 좋다. 감나무에 있는 감을 모두 따지 않고 까치밥을 남겨두는 것처럼, 내 부족한 부분을 상대방이 채운다는 마음이 도움될 때가 있다.

발표하다가 준비한 것이 생각 안 난다면 이렇게 해보자. "갑자기 할 말을 잊어버렸는데, 죄송합니다. 저를 조금 도와주시겠어요? 지금까지 제가 발표한 내용에 대해 어떻게 생각하세요?"라고 물어보면서 상대방의 의견으로 채울 수도 있다.

누가 먼저

말을 해줬으면

좋겠어요.

떨림증을 극복하는 긴 여정에서 먼저 이를 겪고 이겨낸 선생님들을 만났다. 떨림증을 치유하는 소중한 노하우뿐만 아니라, 이분들의 삶을 통해 많은 것을 배울 수 있었다. 떨림증으로 고생하는 전국의 수많은 사람들을 위해 대가 없이 인터뷰에 응해주신 배우 손병호 선생님, 작가 조병준 선생님, 음악감독 구소영 선생님께 깊은 감사를 드린다.

5장

멘토에게 배우는 떨림증 극복 노하우

익숙함이 나를 만든다

배우 **손병호**

1983년 연극배우로 데뷔했고, 영화 〈파이란〉 〈화려한 휴가〉 〈귀신의 향기〉 등 수십 편의 영화를 비롯해 연극, 영화, 드라마 및 다양한 방송 프로그램 등에 출연한 대한민국 국가대표 중견배우다. '마음 산악회'를 이끌며 배우들의 마음 건강과 화합에 이바지하고 있다. 필자도 인터뷰를 한 후 이 산악회에 초대받아 같이 등산하면서 무대공포증뿐만 아니라 삶의 많은 지혜를 배우고 있다.

대령 선생님의 경험을 듣고 싶습니다. 오랜 세월 무대에 서면서 많이 떨릴 때는 없으셨는지요.

병호 배우들에게는 무대공포증, 카메라 울렁증이 있어요. 무대라는 건 공포입니다. 왜냐하면 열려 있는 라이브 공간이기 때문에 어떻게 제어할 장치가 없어요. 그래서 연극할 때는 많은 연습이 필요해요. 한 달, 두 달, 세 달…. 연습을 많이 하면 할수록 좋아요.

사람이 살다 보면 기분 좋은 일도 있고, 어려운 일도 있지요. 그런 날을 계속 경험하면서 연습하는 거예요. 기분 좋은 날, 기분이 가라앉은 날, 사랑에 빠진 날. 그래서 연습이 무대 공포증을 해결하는 최고의 방법입니다.

연습을 많이 했다고 하더라도 막상 무대에 발을 들이고 관객을 보는 순간, 머리에서 발끝까지 긴장이 되고 전율이 흘러요. 그래서 라이브의 매력이 있는 것 같아요.

대령 지금도 그러세요?

병호 지금도 그렇죠, 첫 순간은. 다만 보는 데 익숙해지려는 거지요. '당황하지 말자. 숨쉬고. 오늘 젊은 사람들이 왔다, 오늘 중장년층이 왔다면 어떻게 풀어야 할까.' 이런 생각도 많이 하고요. 관객들을 파악하고 들어가는 것이 좋아요. 뭐든지 일할 때 준비를 하고 가면 조금은 덜하거든요.

첫 대면을 한다는 것은 항상 떨림이니까요. 그런데 시간이 해결해줘요. 시작할 때 첫 대사는 참 떨려요. 첫 반응이 안 나올 때는 더 긴장하는 거지요. 반대로 '이런 반응이 나오겠지' 하는 예상을 하고 첫 마디를 던졌을 때, 예상과 같은 반응이면 '뭔가 되는구나' 하고 편안해지죠. 그런데 아무리 많이 연습을 하더라도 순간의 긴장감이 있기 때문에 대사가 생각이 안 날 경우도 있고, 시작 부분에서 끝 대사를 해버리기도 하고요.

무대를 서보면 항상 첫 공연 때의 긴장이 좋아요. 긴장을 하면 반응이 잘 나오고요. 공연 둘째 날은 젯날이라고 해요. 첫 번째에서 반응이 잘 나오니까 여유가 생겨요. 늘어진단 말이지요. 긴장을 안 하고 있다가 다음날 '요거 반응이 좋은데, 요걸 더 웃겨봐야겠다'라고 생각해서 해보면 전혀 반응이 안 나와요. 진실하게 했기 때문에 반응이 나온 건데, 웃기려고 하니까 반응이 안 나오는 거지요.

긴장하고 내가 맡은 임무에 충실하면 자연스럽게 상황이 웃겨주는데, 억지로 웃기려고 하니까 더 안 되는 거지요. 그러면 더 긴장하고. 결론적으로 무대공포증을 해소하는 방법은 연습이에요. 백 번이든 천 번이든 연습해야 해요.

또 연극에 들어가기 전에 재미있는 이야기를 일부러 해요. 웃고 이 호흡대로 가야지. 무대 들어가기 전에 한바탕 웃고 나면 편하게 들어갈 수 있어요.

무대를 시작하기 10분 전이 참 무서워요. "안녕하십니까?"라고 인사하고 편안해지면 호흡대로 가는데, 긴장되면 말은 빨라지고 호흡은 가빠지고요. 어떻게 진행되는지 두서도 없고, 무슨 말을 했는지도 모르고. 어떻게 10분을 정직하게 견딜 수 있느냐, 10분만 견디고 호흡을 하고 상대 배우가 여유롭게 보일 때, 그때 편해지는 거예요.

대령 하다 보면 노하우가 생겨서 긴장된 순간을 빨리 풀 수 있잖아요? 아까 무대 올라가기 전에 웃긴 이야기를 하면서 긴장을 푼다고 하셨는데, 무대에 올라가서는 어떻게 긴장을 푸시나요?

병호 결국은 자기와의 싸움 같아요. 떨리지만 막상 무대에 올라가서 '짝짝짝' 하는 박수를 들었을 때 그 자신감. 저는 관객들에게 뭔가 내가 만든 걸 보여주는 주인공이라고 생각하는 거죠. 내가 주인공이고, 화자이기 때문에 어떻게 해도 사람들은 따라올 것이다, 나를 지켜볼 수밖에 없다, 이렇게 생각하는 거죠. 호흡을 천천히 하다 보면, 그리고 반응이 좋으면 그때서야 안정이 돼요.

무대라는 건 항상 긴장해야 해요. 춤추다가 무대에서 떨어진 후배도 있고, 말 그대로 초긴장이죠. 무대에서 나가고 들어올 때는 암전이 있기 때문에 항상 철저히 파악해야 합니다. 무대 공간에 위험요소가 있는지 파악하고, 눈 감고도 갈 수 있게 훈련을 해야죠. 무대에서 연습을 하면 더 좋아요. 실제 연습 시간이 짧거든요. 다 대관해야 되기 때문에, 다 돈이기 때문에. 요즘은 많이 좋아졌어요. 3일간 하니 익숙한 거지. 그러다 보면 익숙함이 나를 만드는 거고요.

대령 보통 사람들은 내가 주인공이라는 생각을 잘 못하거든요. 떨림증을 가진 사람들은 '나는 못났고, 나는 뭔가 부족한 사람'이라고 생각하기 때문에 자신감이 없어지는데, 배우로서든 개인으로서든 '내가 주인공'이라는 생각을 어떻게 하면 가질 수 있을까요?

병호 그건 시간이 필요해요. 한 번에 모든 것을 다 완성할 수는 없으니까요. 이것도 실수할 수 있고, 내가 극을 망칠수도 있고, 관객들에게 내가 보여줄 수 있는 만큼 최선을 다하지 못할 때도 있고요. 후회하고 그러니까 그다음에 또 해보는 거죠. 자꾸 해보면서 너무 과장될 때도 있고, 그 반대일 때도 있고. 중간을 찾아가면서 깨닫는 거예요. 어차피 연극은 하루만 하는 게 아니기 때문에 또 매일 바뀌어요. 호흡이 바뀌고, 상대 배우가 달라지면 나도 그것에 반응을 하는 것이지요.

연기란 상대역에 대한 반응이라고 생각해요. 상대 에너지에 대한 반응. 그런 것이 매일 달라지기 때문에 여기에 집중하고 있으면 돼요. 말은 쉽지(하하하). 이게 시간이 이런 경험, 저런 경험을 통해서 나아지고 좋아져요. 아무리 선배라고 해도 무대가 쉽지 않습니다. 오히려 알기 때문에 힘들어요. 차라리 모르고 할 때, 그러니까 젊을 때는 객기나 자신감이 있었는데 말이죠. 사실 알기 때문에 힘들어요.

자연을 보세요. 와, 이게 자연의 힘이구나. 이 무대도 자연의 공간을 어떻게 옮겼으면 좋겠는데, 내 마음속의 자연을. 이 광활한 마음속의 자연을 어떻게 표현하겠냐는 거지요. 그러다 보니까 내가 이제 나무도 타보고 저쪽 산도 가보면서 경험하는 것처럼, '이렇게 해도 매력이 있구나. 저기는 저기대로 매력이 있구나. 이런 매력만 발산하자. 극에 대한 매력들, 인물에 대한 매력들, 그것만 충실히 하자'라고 하는 거죠.

대령 선생님은 살아오면서 정말 많이 떤 날은 없으셨나요?

병호 제가 주례를 6번을 봤어요. 그런데 마흔 초반에 주례를 처음 봤어요. 사람들이 "형이 해야 돼. 괜히 어설픈 사람 부르는 것보다 날 잘 알고 편안한 사람이 좋아"라고 해서 어찌어찌했죠. 그런데 부모님이 앞에 계시니 떨리는 거예요. 어른들 앞에서 어린 사람이 무슨 주례를 하겠다고. 무슨 말을 했는지 어떻게 했는지 지금도 기억이 안 나요. 목이 턱턱 막히고 갈라지고, 그래도 하긴 해야 되고.

어른 앞에서 젊은 사람이 주례한다고 생각하니 두려워지는 거예요. 원칙에 안 맞다고 생각하는 거죠. 그냥 즐겁게 하면 될 텐데 말이죠. '이게 맞나? 내가 해야 할 도리가 아닌 거 같은데?'라고 생각하니까 두려워지는 거예요.

지금은 여유가 있어요. '내가 맡은 것이니 재미있게 할 필요가 있고, 좋은 말을 편하게 하면 되는구나'라고 방법을 익히는 것이죠. 뭐든지 해봐야 돼요. 경험을 통해 얻는 것이고, 그 경험을 통해 반복학습을 하다 보면 노하우가 생기는 것 같아요.

보통 카메라를 두려워하지 말라고 하죠. 물론 저도 두려워요. 아무리 잘하는 배우라 해도 카메라 슛하는 순간에는 자기 목소리가 잘 안 나와요. 반복학습이 살 길이에요. 그리고 인간이 하는 모든 작업에는 실수가 있을 수 있다는 가능성을 열어 돼요. '이 사람도 실수하고 나도 실수할 수 있다. 서로 맞춰가면 되는 거 아닌가, 완벽한 인간이 어디 있겠나'라고요. 인생, 완벽한 건 하나도 없어요.

대령 많은 친구들이 실수가 계속되다 보니까, '예전에 떨었으니까 또 떨리겠지' 하는 생각 때문에 긴장합니다. 긴장하니 당연히 떨리고 실패경험이 쌓이지요. 실패경험이 쌓이면 자신을 '못났다' '비정상이다'라고 생각하기 쉬운데, 이런 경우에는 어떻게 극복할 수 있을까요?

병호 모든 인간은 불완전한 존재예요. 완벽한 사람은 없어요. 완벽하려고 노력하는 것뿐이지요. 소설도 완성됐다고 생각하지만 진정한 완성이 없죠. 그다음에 보면 또 아닌 거죠. 계속 완벽하기 위해서 노력하는 게 인간이기 때문에, 그건 경험을 통해서 깨닫는 수밖에 없잖아요?

저 역시 모자란 게 많아요. 하나를 배워도 두 번째에서 문제가 또 나오죠. 죽을 때까지 다 못 고치는 게 우리 인간이에요. 약점이 모두 있어요. 다만 내가 경험한 것을 깨닫는 사람과 깨닫지 않는 사람은 다르다는 거지요. 책을 통해서든, 드라마를 통해서든, 경험을 하고 자기 것을 만드는 게 소중해요. 누구든 항상 실수할 수 있는 법이고, 실수를 고쳐서 내 것으로 만들기 위해서는 버리고 또 다른 것을 채우는 것, 그게 제일 좋은 방법이 아닌가 생각해요.

대령 배우들이나 다른 사람들이나 남들 앞에서 잘하고 싶다는 욕심을 버리기가 쉽지 않을 것 같은데요.

병호 연극계에도 선후배가 있잖아요. 내가 선배로서 후배를 봤을 때, 잘되는 후배를 보면 그 사람에 대해 부정하려는 마음이 들 때가 있었어요. 나도 그랬죠. 강호나 윤석이나 후배들인데, 영화판에 와서 잘됐잖아요. '나는 뭐지? 내가 더 선배인데, 걔네가 주인공을 하고 나는 왜 뒤처져야 하나'라고 생각하면서 아팠어요. 작품 운이 없는데, 감독 운이 없는데…. 그러다가 나중에 깨달았죠. '인정하자.' 쉽게 말해서 그들을 찾는 천 만 관객들이 바보냐 이거죠.

상대방의 장점은 인정하고, 나의 장점을 빨리 파악해서 나만의 스타일을 살리는 거죠. 내가 그들을 부러워하는 것처럼, 그들도 나를 부러워해요.

또 난 강한 역할을 벗어나고 싶고 악역도 그만하고 싶지만, 남들이 나에게 그런 카리스마를 원한다면 '그렇다면 인정하자'는 거죠. 나의 강하고 카리스마 있는 모습이 관객들에게 어필이 된다면, 좀더 강한 연기선으로 바꿔서 어필하자. 이렇게 해보고 저렇게 해보고. 인정하면 편안해져요.

'겸손해라, 잘난 체할 필요 없다, 어떤 일을 하든 즐겁게 하면 된다'고 주문을 걸어요. 다 처음 보는 사람들이니 내가 즐겁게 하면 모두가 즐거울 거예요. 내가 즐겁게 마음을 열면 상대도 마음을 열고요.

저는 제일 먼저 하는 일이 연기 상대와 이야기하고 친숙해지는 거예요. 연기보다 '파이팅 잘하자' 와하하 웃기도 하고, 실수하면 '미안합니다'라고 하고요. 그게 방법이에요. 바보가 제일 오래살고 편한 거예요. 욕심이 없으니까. 기득권의 세력다툼, 선후배 간의 에너지 싸움이 필요 없어요. 머리 숙이고 한 발 다가가고, '내가 부족하니 잘 부탁합니다'라고 하면 더 즐거워지는 거예요. 결론적으로 나를 위해서죠. 내가 긴장을 많이 하니까 그걸 깨기 위해서 상대 연기자와 족구도 하고, 커피도 마시고요. 그러면 NG가 나도 서로 친숙하니까, "아하, 괜찮아요" 이렇게 되는 거예요.

대령 슬럼프가 찾아올 때가 있잖아요. 자기관리는 어떻게 하시나요?

병호 저희는 선택을 받는 직업이에요. 내가 가서 원한다고 할 수 있는 작업이 아니에요. 배우는 선택을 못 받으면 슬럼프가 오죠. 인연으로 밀 수도 있겠지만, 그건 오래 못 가요. 6개월 넘게 일이 없었던 때도 많았어요. 잘나가다가 다시 안 될 수도 있고요. 그래서 배우들의 자살률이 높은 거예요.

인정해야 돼요. '나에게 부족한 것을 채우라고 있는 시간이구나. 이 시간들이 내게 필요하구나.' 그 순간 '내가 할 수 있는 게 뭘까' 하고 생각해요. '몸을 만들자, 트레이닝을 하고, 산을 타자.' 가만있으면 안 돼요. 선택받지 못한 시간이라고 해서 무작정 기다리는 것은 바보 같은 일입니다.

산을 타든 바다를 가든 신나게 여행을 다니든, 언젠가 기회는 옵니다. 제일 좋은 것은 책을 많이 읽는 거예요. 책 속에는 다양한 인간 캐릭터가 있고, 어려움을 헤쳐가는 방법들이 있으니 책을 통해서 깨달을 수 있어요.

사랑을 위해 길을 나서다

작가 **조병준**

서른 즈음에 인도여행을 시작했다. 직장을 그만두고 콜카타에 있는 '마더 테레사 하우스'에서 장기 봉사활동을 한 후, 작가라는 새로운 길을 선택했다. 여행길에서 얻은 귀중한 경험을 『제 친구들과 인사하실래요?』『사랑을 만나러 길을 나서다』 등 10권 이상의 에세이집과 시집에 담았다. 백발이 듬성하지만 여전히 해맑은 표정을 지닌 채, 오늘도 사랑을 만나러 길을 떠난다.

대령 선생님은 남들 앞에서 말하거나 강의를 할 때, 긴장되어서 떨었던 적이 있으신지요?

병준 당연히 있죠. 저는 심한 편이었어요. 어릴 때 내성적인 아이였거든요. 제일 떨었던 시간이 체육시간이었어요. 그 시간이 지옥이었거든요. 운동신경이 없어서 공만 차면 헛발질이고, 하기 싫은 걸 억지로 하니까 더 싫고. 성적표를 보면 다른 과목은 '수'인데 체육은 '가'였어요.

그러다 보니까 주로 혼자 있는 아이였어요. 그때의 교우관계가 30대 이후와는 엄청 달랐던 거죠. 지금은 전 세계에 친구를 두고 있지만, 대학교 때까지는 친구가 하나둘 정도였거든요.

아버지가 장사를 하다가 크게 망했고, 어머니 혼자서 생계를 거의 10년간 꾸려가야 하셨기 때문이죠. 집에는 환자인 아버지와 4명의 동생들로 바글바글하니까 무척 위축되었고, 할 수 있는 게 없었어요.

중학교 때 동생들은 초등학생이었는데, 육성회비도 못 낼 정도로 집안 형편이 너무 어려웠어요. 교장이 못 낸 아이들을 교장실로 불러요. 동생이 "오빠, 나 또 불려갔다"고 하고…. 참혹할 정도의 무력감이 들었죠. 세상에 대해서 할 말도 없고, 있다고 해도 할 수도 없는 거고요. 자기 속으로 더 빠졌던 거죠.

대령 그런 상황에서 사람들과 이야기를 하거나 발표하는 것은 어떠셨어요?

병준 거의 안 했어요. 말도 더듬고요. 어디 나가면 뻣뻣하게 굳는 거지요. 앞에 나서서 무언가를 한다는 생각을 안 해봤어요. 하기도 싫었고요. 근데 그게 내 모습의 전부는 아니었다는 것을 확실히 알아요. 초등학교 저학년 때, 집안 사정이 나쁘지 않았을 때는 활달한 아이였거든요.

대령 원래 활발한 아이였는데, 상황이 어려워지면서 바뀐 거네요?

병준 네. 그러다가 대학에 들어가서 나아졌어요. 지금은 아니지만 그 당시의 대학생은 더 바랄 수 없을 만큼 특권층이었어요. 대학생이 되었다는 것만으로도 내 자존감이 확 높아져요. 사람들이 대하는 태도가 다르거든요.

인간은 사회적 존재이기 때문에 자기의 위치는 남이 규정해주는 거지요. 내 스스로는 높일 수 없어요. 예를 들면 대학생 때 엄마와 장사를 했어요. 자전거로 채소를 배달하면서 저녁에는 일도 하고, 이렇게 학교를 다녔지요.

아침에 엄마와 일할 때의 나는 그저 시장 일꾼이에요. 나를 모르는 사람들이 나를 대하는 태도는 말도 못했어요. 사람들이 하는 일에 따라서 그 사람을 얼마나 함부로 대할 수 있는지 알았죠. 나중에 사람들이 내가 대학생이라는 것을 알고 나면 나를 대하는 태도가 달라져요. 달콤하면서도 씁쓸한 경험이에요. 사람을 있는 그대로 대하지 않는다는 것, 그 사람이 가지고 있는 상표로 대한다는 것. 어찌됐든 대학생활이 나를 보호했어요.

대령 그러면 대학 때는 어떠셨어요? 그때도 발표할 기회가 있었을 것 아니에요?

병준 사람을 만나면 긴장하고, 공식적인 자리에서는 말을 더듬거나 얼굴이 빨개지고 뒤로 숨었어요. 심지어는 대학교 졸업하던 해에 면접을 볼 때도 말을 더듬었죠. 긴장만 하면 말이 안 나오는 걸요.

다만 저는 언어에 대한 관심이 많았기 때문에 열심히 하려고 했어요. 예를 들어 영어시간이 일주일에 한 시간씩 네 번이었어요. 계속 영어를 읽고 팝송을 듣고 따라 부르려고 했어요. 그러다 보니 영어는 점수가 항상 A였어요.

말을 안 하면 점수가 안 나오니까. 그때 좀 신기한 경험을 한 게 한국말로 하면 버벅거리고 더듬는데, 영어로 하면 잘했어요. 하하하하. 다른 언어체계가 형성되는 거지요. 모국어는 검열체계가 있어요. 어떤 말들은 못하게 막거든요.

하지만 외국어는 그 시스템이 발달되어 있지 않아요. 일단 생활하는 것이 먼저니까, 그런 게 작동하고 말 게 없어요. 영어로 하니 내가 낯선 사람에게 쉽게 속내를 털어놓을 수 있는 계기가 된 거죠.

또 여행에서 만난 사람들은 어쨌든 평생에 한 번 만나는 시한부 만남이기 때문에 금방 친구가 돼요. 그러니 속마음도 쉽게 이야기할 수 있어요.

여행가서 여러 가지로 좋은 경험을 해봤죠. 그전까지는 부모를 위해서, 동생들을 위해서, 나를 죽이며 살았거든요. 그러다가 외국에 나가서 그런 나를 모조리 다 박살냈어요. 집에는 한 달만 나갔다 온다고 하고 3개월을 갔다 왔어요. 엄마에게 전화하면 당장 돌아오라고 할 게 뻔하니까 아예 전화를 안 했어요. 끝내는 거짓말을 했죠. 인도는 전화가 안 된다고 말이죠.

엄마에게 나쁜 아들이 되면 안 되니까, 하기 싫어도 해야 하니까. 그런 게 사람을 괴롭게 하고, 지치게 하고, 피곤하게 해요. 그런데 여행을 통해서 내가 나쁜 사람이 될 수 있다는 것을 처음 배운 거예요. 전에는 상상도 못하는 일이었거든요. 자신을 위해서 (타인에게) 나빠질 수도 있어야 해요. 그게 자신감을 키우는 길이죠.

대령 저도 여행을 통해서 해보지 않았던 것을 경험하면서 자신감을 갖게 된 과정이 공감이 됩니다. 어떤 경험들이 좋았는지 예를 들어줄 수 있나요?

병준 일단은 혼자서 지내는 사람은 착하고 겁이 많아요. 아주 나쁜 조합이죠. 남을 괴롭히지도 못하고 자기만 괴롭히잖아요. 그런데 겁이라는 것은 내가 모르기 때문에 겁이 나는 거예요. 저는 외국에 처음 갔을 때 덜덜 떨었어요. '내가 잘못돼서 못 돌아가면 어떡하지? 이 사람들이 내 영어를 알아들을 수 있을까?'라며 걱정이 많았죠. 해보면 아무것도 아니고 닥치면 하게 되더라고요.

대령 여행하면서 모든 상황 자체가 새로운 영역이고, 두렵지만 해보니 별것 아니라는 경험들을 많이 하셨네요.

병준 제가 여행을 하라는 이유가 강제적으로 그런 기회를 만들어주어서에요. 겨울에는 밖에서 운동을 해야 되고요. 내 몸과 마음의 건강을 위해서 나가야 하는 거죠.

하지만 집에 있으면 편하니 찬바람 안 쐬고 안 나가게 돼요. 그러니 어쩔 수 없이 해야 되는 계기나 일을 만들어야 해요. 이를테면 그림을 배우는 거예요. 그러면서 사람을 만나고 자꾸 대화하게 되고…. 그러다 보면 점점 나아져요.

대령 혹시 특별한 계기는 없으셨어요? 저는 한국에서는 춤 공포증이 있었는데, 외국에서 자원봉사할 때는 미친 듯이 춤을 출 수 있었어요. 편한 친구들과 있어서 그럴 수 있었거든요.

병준 콜카타 '마더 테레사 하우스'에서 자원봉사 경험을 하면서 느낀 게 있어요. 몇 달 지나니 저도 고참이 되었어요. 그래서 신참들에게 일을 가르쳐야 했어요. 환자들이 바지에 대소변을 보고, 그걸 갈아입히는 상황이 있었죠. 그런데 신참들에게 어떻게든 가르쳐줘야 하니 꾹 참았어요.

아무리 오래해도 즐거운 일이 아니에요. 무슨 병이 걸렸는지 모르는 사람들인 데다가, 굉장한 악취에 끔직한 환부에. 그런데 신참에게 가르쳐줄 때 인상을 쓰면 안 돼요. 즐겁게 해야 되죠. 그러면 그들이 입을 쫙 벌리면서 감탄하고 존경을 표해요. 처음 하는 사람들에게는 제가 거의 신인 거죠.

이렇게 존경을 받으면 자존감이 높아질 수밖에 없어요. 타인의 존경이 자신의 긍정으로 이어지는, 이게 선순환이거든요. 타인의 존경 없이는 자존감이 높아질 수 없어요.

한국에 돌아와서 책을 쓰는데 콜카타에서 배운 것이 있어요. 어려운 말로 쓰지 않고 몸소 체험한 대로 쓸 것. 사람들의 반응이 좋았어요. 처음으로 공적인 영역에서 제가 쓴 책과 글들을 사람들이 긍정적으로 호응해주니 자신감이 생기기 시작했어요.

지금도 기억나는 일이 첫 라디오 인터뷰를 할 때였어요. 중간에 음악이 나갈 때 라디오 PD가 "조 선생님, 다리 좀 떨지 마세요. 다 들려요"라고 하는 거예요. 하하하하.

대령 자신감이 생긴 상황이었는데도 방송은 또 어려우셨네요.

병준 미지의 영역은 또 겁나는 거예요. 그런데 몇 번 해보면 별것 아니에요. 저는 라디오 방송을 많이 했는데, 대본이 필요 없어요. 전부 애드리브로 했죠. 경험을 쌓는 거예요. 그러면서 TV까지 진출하게 되었고요. 그리고 강의를 했는데, 다리 떠는 것을 교탁으로 가려 안 보이게 하면서 일상적인 대화를 하려고 했어요. 질의응답식으로요.

대령 그렇게 하면 훨씬 덜 부담스러울 것 같아요.

병준 어차피 주제는 정해져 있고, 무엇을 이야기한다는 것은 서로 알고 있어요. 다만 내가 일방적으로 이야기하는 것이 아니라, 먼저 말을 던지고 질문을 유도하는 거죠. 그러면 겁먹을 이유가 없어요. 시간강사 시절에는 그런 식으로 강의를 했어요. 예기치 않은 상황이 벌어지면 그때그때 반응을 하면 돼요. 일상대화처럼 말이죠.

대령 그 방법은 일방적으로 전달하는 것보다 더 편안한 방법일 것 같아요. 덜 부담스럽기도 하고, 상대방이 말하는 동안 생각도 할 수 있고요.

병준 나중에는 학생들에게 인기가 최고였어요. 강사인데 MT도 따라가고요.

대령 강의에서 만나는 학생들은 처음에는 모르는 사람들이라 더 긴장될 텐데, 그럴 때는 어떻게 긴장을 풀고 친해지려고 노력을 하세요?

병준 포기를 해야 돼요. 안 될 때가 있으니까요. 그것은 확실히 청중들이 나를 '존경하는가, 그렇지 않는가' 하는 차이예요. 존경을 안 하는 청중들도 있는데, 이는 내 힘으로 안 돼요. 그래도 그 중에서는 내 말을 듣는 한두 사람은 있을 것 아니에요. 그 사람들의 눈을 맞추면 돼요.

대령 그렇군요. 선생님, 좋은 말씀 감사합니다.

떨림을 인정하다

뮤지컬 음악감독 **구소영**

상트페테르부르크 국립음악원을 거쳐 1999년 뮤지컬 〈명성황후〉 음악 조감독으로 데뷔했다. 뮤지컬 〈젊은 베르테르의 슬픔〉 〈풍월주〉 등 많은 작품들에 음악감독으로 참여하거나 직접 연출했다. 많은 배우들을 지도한 선생님이기도 한 구소영 감독은 시원시원하고 유쾌하면서도, 기를 살려주는 친절한 지도법으로 모든 이에게 감동을 준다.

대령 직업상 남들 앞에 설 기회가 많으실 텐데, 원래 그런 것을 좋아하셨나요?

소영 저는 사람을 많이 만나는 직업이라 처음 만나는 사람들과 있을 때는 사교성이 좋아 보여요. 성격도 그렇고, 목소리도 걸걸해서 사교성이 좋아 보이죠. 그런데 사실은 낯을 심하게 가려요. 공포증도 심하고요.

예전에 러시아 유학 생활을 할 때였어요. 제가 합창지휘과를 다녔는데 모두 러시아인이고 저만 한국인이었죠. 그들은 유치원 때부터 지휘를 했고, 저는 성인이 되어서 지휘를 했기 때문에 실력을 못 따라갔어요.

그러던 어느 날, 선생님이 제자에게 콘서트의 한 곡을 지휘 맡기는 게 있는데, 저를 시키신 거예요. 러시아 학생들의 눈빛이 '쟤, 아무것도 못하는 애를 왜 시켜'라는 듯했어요.

정말 어느 정도로 무서웠냐 하면, 집에 가서 그날 밤에 밤새도록 금식 기도를 했어요. 제발 지휘를 안 하게 해달라고 말이죠.

결국은 지휘를 맡게 되었고, 리허설을 하는데 손이 너무 떨렸어요. 러시아 학생들이 막 킥킥대고 난리가 난 거예요. 정말 자존심이 너무 상하고 죽고 싶더라고요. '저것들이 나를 비웃는구나'라는 생각이 들었어요. 그들이 비웃는 게 느껴지는 거예요.

리허설이 끝나고 다 같이 대절한 버스를 탔어요. 그때 저희 선생님이 러시아 지휘자들에게 "너희들 오늘 소영이 봤지? 얘는 내가 보기에 세계적인 지휘자가 될 것 같다. 동양인인데 너희보다 팔다리가 더 길고 키도 이렇게 크고. 얘는 귀도 너무 좋다. 치명적인 단점이 딱 하나 있는데, 손을 좀 떤다"라고 하시는 거예요. 그랬더니 애들이 막 웃었어요. "얘가 손 떠는 것만 고치면 내가 보기에는 세계적인 지휘자가 될 거다." 이렇게 말씀을 해주셔서 딱딱한 분위기를 풀어주셨어요. 그 순간 무척 감동을 받았어요. 선생님이 저를 믿어준다는 마음이 느껴지더라고요.

그래서 그날 집에 가서 생각한 것이 '나는 너무 많이 떠니까 더 많이 연습하는 수밖에 없다'였어요. 그래서 모든 상황에 대한 이미지 트레이닝도 했어요. 지휘봉을 잡고, 사람들의 눈을 맞추고, 상황들을 구체적으로 상상하고 연습했어요. 반복적으로 하니 다음날 공연을 잘 마쳤어요. 하나도 안 떨고요. 그래서 그때의 일이 큰 경험으로 기억에 남아요.

그리고 내가 어떤 것에 두려움을 느끼는지 아니까, 계속 그것들을 외면하지 않고 오히려 인정했죠. '난 분명히 이런 상황에서 떨 거야.' 그러니까 자꾸 마주보고, 그렇기 때문에 거기에 대해서 내가 오히려 마음의 준비를 하려고 노력하는 편이에요.

그래야만 내가 '아, 맞아. 나는 이런 상황에서 주로 이렇게 몸에 힘이 들어가지' '난 항상 이렇게 주먹을 꼭 쥐고 있지, 편하게 있자' 하는 식으로 상황에 대처하기 시작한 것 같아요.

대령 그 사건이 좋은 계기였네요.

소영 네, 어떻게 보면 좋은 계기죠. 저는 어릴 때 더 독한 면이 있었거든요. 남들 앞에서 노래하고 연기하는 것을 좋아했어요. 그런데 어느 순간 나에 대한 기대치가 너무 높아지고, 내가 그걸 다 감당 못하고 실패할지도 모른다는 두려움들이 커지면서 어느 순간부터 공포가 되었어요.

대령 아, 처음부터 그런 건 아니고, 오히려 기대가 높아지면서 그렇게 되신 거네요?

소영 네. 저는 오히려 편하다가 그랬던 것 같아요. 왜냐하면 29세에 갑자기 〈명성황후〉의 지휘자가 되고, 사람들의 주목을 한몸에 받기 시작했거든요. 유학을 갔을 때도 수많은 러시아인 속에서 저만 한국 사람이었고요. 이런 것들이 중압감이 되어서 더 심해졌던 것 같아요.

어릴 때는 멋모르고 했는데, "걔는 다 잘해, 다 잘해" 하니까 이제는 내가 못하면 큰일이 날 것 같이 느껴지기 시작했어요. 그러더니 어느 순간부터 진짜 무서웠어요. 사춘기를 기점으로 아주 심할 때는 첫 공연이 시작되기 전에 그 공포 때문에 거의 숨을 못 쉴 정도였어요. 남들한테는 티를 안 냈지만, 숨을 못 쉬어서 나무토막처럼 굳는 느낌이 들 정도로 긴장하고 그랬어요.

대령 선생님 같은 분도 그렇게 어려운 시기를 지나셨네요.

소영 그럼요. 아닌 척할 뿐이에요. 저는 이제 연예인들을 많이 가르치잖아요. 그들과 얘기해보면 '나는 그런 게 전혀 없어. 난 하나도 안 떨려'라고 말하는 사람은 진짜 천 명에 한 명 만날까 말까예요.

한 유명 배우는 정말 뮤지컬계 스타이고 이미 뮤지컬 무대만 10년 넘게 서고 있는데도 "감독님, 전 아직도 떨려요. 아직도 첫 공연을 들어가기 전에 숨이 막혀서 토할 것 같아요"라고 이야기해요.

대령 그러면 무대 말고 다른 상황에서는 떨릴 때가 없나요?

소영 저는 스태프들과 미팅을 하면, 웃으면서 아무렇지 않게 이야기해요. 그런데 미팅이 끝나면 주먹을 꽉 쥐고 있어서 손에 손톱자국이 패여 있을 정도예요. 긴장을 해서요. 왜냐하면

리더로서 수많은 사람들을 이끌어 가야 하고, 제 선택 하나가 작품의 질과 연결될 수 있어서죠. 100명 이상의 사람들 사이에서 관계도 잘해야 되고, 또 선택도 해야 되고, 때로는 어르고 달래야 될 때도 있고, 때로는 단호하게 끊어내야 될 때도 있고요. 이런 것들을 잘 컨트롤해야 되잖아요. 그러니 얼마나 부담감으로 다가오겠어요.

대령 네. 중요한 자리인 만큼 그런 게 많겠네요. 사실 회사원들도 말단사원일 때는 긴장이 안 되다가 점점 진급을 하면서 나중에 떨림증이 생기는 분들도 많거든요.

소영 그럴 수 있을 것 같아요. 사실 우스갯소리지만 막내가 제일 편하다니까요. 제일 구박받고 제일 심부름 많이 하는 것 같아도 책임을 질 이유는 없거든요. 책임을 져야 하는 위치가 되면 두려움이 점점 더 커지죠.

능력 있는 후배들은 많아지고 나이는 점점 먹어가고, '혹시 내 감각이 떨어져 가지는 않을까?' '내가 일을 처리하는 수행 능력이 젊은 사람들보다 더디진 않을까?' 하는 부담감들이 생긴단 말이죠.

왠지 여기서 '뒤처지지 않을까' 하는 두려움이 있으니까, 일을 할 때 더 완벽하게 해내야 될 것 같은 중압감을 느끼는 거예요. '너 여기서 이거 못해내면 밀린다'라는 거 있잖아요.

대령 많은 이들이 안 좋은 경험을 많이 겪다 보니까 자꾸 자신감이 떨어지기도 하거든요. 주변에 믿어주고 수용해주는 사람을 만나면 다행이지만, 반대로 지적하는 사람이 많고 비판적인 상황에 자주 놓인다면 나아가기가 쉽지 않습니다. 이렇게 누군가가 좋은 이야기를 해주지 않을 때, 어떻게 내 자신에 대한 믿음을 쌓아갈 수 있을까요?

소영 저희끼리 수업을 할 때 많이 하는 이야기가 있어요. 요리를 잘하려면 손이 베일 수도 있는 위험도 함께 감수해야 하고, 수영을 잘하려면 물을 먹을 수 있는 상황도 감수해야 한다는 것이죠. 이 과정을 거치지 않고 성공할 수 있는 사람은 없어요.

결국은 반드시 견뎌야 하는 시간이 있어요. 그 시간을 겪고 넘어가면 두 번째, 세 번째는 분명히 첫 번째보다는 덜 무서워요. 그런 경험들을 사람들과 많이 나누는 편이고요.

저는 때로는 글을 쓰기도 하고, 때로는 메모를 하면서 제 자신을 더 파고들어가는 편이에요. '내가 뭐가 무서운 걸까'에 대해서 말이죠. 결국 무서운 것은 내가 일을 실패해서 무서운 것보다는 일을 실패했을 때 나를 비난하는 사람들의 반응이 무서운 거잖아요.

'내가 정말 무서워하는 것이 무엇이고, 나는 그게 왜 무서운지, 그걸로 인해 내가 잃을 것이라고 생각하는 것은 무엇인가?' 이런 것들을 써보기도 하고요. 그냥 그 무서움에 눌려 있지 않고, 무서움과 객관적인 거리를 유지하려고 해요. 무서움의 정체를 만나려고 노력하죠.

배우들과 있을 때도 많이 질문해요. "뭐가 제일 무서워?"라고 물어봐요. 어떤 때는 "너 그렇게 하루 24시간 동안 착한 얼굴로 살려니까 되게 힘들겠다. 망가지면 죽을 것 같아? 근데 나 있잖아, 망가진 네 얼굴보다 24시간 내내 웃고 있는 네 얼굴이 더 무서울 거 같은데?"라고 상대의 마음을 건드려줘요. 그러면 자기들도 웃어요.

그리고 저에게 했던 방법을 제자들에게도 똑같이 해요. "네가 무서워하는 정체는 뭐야? 뭔가 살펴보자. 알고 나면 그렇게 무섭지 않을지도 몰라." 이렇게 하는 거죠.

대령 "선생님이 저를 못난 제자라고 생각할까봐 두려워요"라고 이야기하는 제자에게는 뭐라고 얘기해주나요?

소영 제가 10년 동안 제자들을 엄청나게 배출했어요. 유명 연예인들도 많고요. 그런데 키 크고 예쁘고 남들이 봐서 그럴듯한 제자들이 아니라, 키가 작은 두 명의 제자가 신인상을 탔어요.

항상 이렇게 이야기를 하거든요. "열등감은 우리의 에너지야. 배우 전도연이 그랬어. 내 연기 에너지의 원천은 열등감이었다고. 그래, 너 키 작아. 내가 아무리 봐도 네가 바람이 불면 훅 꺼지는 여자 주인공 역을 할 것 같지는 않아. 우리 인정하자. 그거는 한가인이나 김태희가 하는 거야. 그런데 네가 잘하는 역할이 있잖아. 그거는 걔네가 못해."

대령 저는 노래를 부르면 한 달에 한 번만 잘해요. 뭔가 노래의 감정을 만났다거나 사우나를 다녀온 후라거나 술을 한잔 마셔서 긴장이 풀어졌다거나, 그런 순간만 능력을 발휘하죠. 그런데 가수나 배우들은 그게 한 달 내내 이어지도록 트레이닝을 받는 거잖아요?

소영 여러 가지가 있는데, 첫 번째는 방금 말씀한 것에 답이 있어요. 여기에 공통점이 있는데 바로 릴랙스되어 있을 때에요. 연기적으로 '감각의 재현'이라는 말을 많이 쓰는데, 목욕탕에 갔을 때 내 몸 상태가 어떤지 알잖아요. 그 느낌들을 기억해내고 그때의 감각들을 조금씩이라도 재현시키는 거죠.

한 번에 100을 가는 것이 아니라, 처음에 100번을 하면 한 번이 될 거고, 그러다 두 번이 될 거고요. 그러다 그 시간이 100번 중에 30번이 되면 잘하게 되는 거예요. 그리고 그 시간을 나에게 허락해줘야 돼요. 분명히 넘어지는 시간이 있어야 해요. 암벽등반을 배우러 갔을 때 벽에 멋있게 매달려 있을 줄 알았는데, 그게 아니더라고요. 뒤로 떨어질 때마다 정말 너무 창피했어요. 벽에서 떨어져 바닥에 주저앉는 나를 허락하지 않는 이상, 나는 암벽등반을 잘할 수 없겠죠. 실패를 이기는 방법은 실패밖에 없다고 하잖아요? 내가 잘하게 되는 데까지 실패는 반드시 필요한 과정이라고 인정하는 것이 나아요.

대령 실패를 하다 보면 실패에 둔감해지고, 어느 순간부터는 덜 창피해지기도 하는데요, 사실 그게 두렵기 때문에 처음에 도전하기 어려운 부분도 있거든요.

소영 작은 무대와 익숙한 사람이 있는 곳부터 '해봤는데 별거 아니네'라는 지혜로움이 필요하겠죠. 수업 때도 처음 오는 학생들은 '아' 하고 발성할 때, 잘하면 많이 칭찬해줘요. 사람이라 다 출발점이 다른데 같은 노래를 부르면 절대 안 돼요. 주로 발성할 때는 초보자들이 제가 말한 것을 잘 이해했으면 그걸 칭찬해주고, 집중력이 좋으면 그 부분을 칭찬해요.

또 긍정적인 경험이 많이 쌓여서 부정적인 경험을 덮어줘야 하는 거잖아요? 흔하고 쉬운 것부터 접근하는 게 좋을 것 같다는 생각이 들고요. 뮤지컬을 하고 싶은데 남들 앞에서 떤다 싶으면 일부러 봉사모임 같은 곳에서 솔로를 시켜요. 안전한 자리, 못해도 비난받지 않는 자리에서 해보라고 해요. 그런 걸 수십 번 해보고 나면 달라져요.

대령 배우들 훈련이라는 것도 릴랙스를 하기 위한 여러 가지 훈련이 있을 것 같아요. 몸풀기도 하고, 감정에 집중하는 연습도 하고요. 이것이 배우와 배우가 아닌 사람의 차이일 것 같아요. 그런 것을 일반인들이 어떻게 응용할 수 있을까요?

소영 내적으로는 몸과 마음의 호흡이잖아요. 저는 노래 수업을 하더라도 그 전에 공원을 돈다거나 많이 걷고 뛰게 해요. 내 몸이 숨을 쉰다는 느낌, 횡격막이 움직이는 것들, 이런 것들이 몸을 이완시키거든요.

긴장이 많은 분들에게 제일 좋은 것은 걷기예요. 한강 둔치라도 좋으니 자연과 가까운 곳에서 많이 걸으세요. 실제로 요가나 필라테스보다 좋아요. 자연 속을 걸으면 오감으로 다 느끼잖아요. 보고, 듣고, 냄새도 맡고, 추운 날에는 감촉까지 느끼고요. 그럴 때 사람이 확실히 이완되고 살아 있다는 것을 느껴요. 감각과 만나니까요.

대령 마지막 질문입니다. 공포증이 아니더라도 살면서 슬럼프가 올 때, 선생님이 쓰는 방법이 있다면 소개해주세요.

소영 저는 여행을 떠나는 것으로 해결해요. 여행을 가면 내가 평상시에 눌러두었던 모든 감정들과 직면하잖아요. 공포도 느끼고, 외로움도 느끼고, 절실함도 느끼고, 햄버거 하나에 너무 행복했다가 기차 한 번 놓치면 절망적이었다가….

혼자 여행을 몇 번 갔다 오면 진짜 무서운 것들이 많이 줄더라고요. 여행은 나를 극한의 상황으로 몰아넣는 거잖아요.

소매치기를 당할 수도 있고, 말이 안 통할 수도 있고, 어디서 굶을 수도 있고요. 그리고 거리가 주는 두려움도 있잖아요. 마치 '두려움 종합세트' 같은 시간들을 견디고 오면, '내가 그것도 이겨낸 사람인데' 하는 자부심이 생겨요.

슬럼프가 왔을 때 애써 극복하려고 하지 않았으면 좋겠어요. 내가 에너지가 없어서 슬럼프가 왔는데, 말하자면 체력이 떨어져 있는 상태잖아요. 그런데 그 상태에서 이겨내겠다는 노력을 하면 에너지가 더 바닥나요. 그러다 보면 완전히 주저앉고 퍼져버려요.

슬럼프가 찾아오면, 내 몸과 마음이 쉬고 싶다는 뜻이에요. 슬럼프도 하나의 과정인 것처럼 '아, 지금은 나에게 휴식이 필요한가 보다'라며 가볍게 받아들였으면 좋겠어요. 슬럼프도 필요해서 온 거예요. 감기도 몸이 신호를 보내는 거라면서요. 면역력이 떨어져 있다고 몸이 나에게 보내는 경고인 셈이죠. 슬럼프도 나에게 주는 경고예요. 그러니 슬럼프와 싸울 이유가 없어요.

알고 나면

그렇게 무섭지

않을지도 몰라.

■ 독자 여러분의 소중한 원고를 기다립니다

메이트북스는 독자 여러분의 소중한 원고를 기다리고 있습니다. 집필을 끝냈거나 집필중인 원고가 있으신 분은 khg0109@hanmail.net으로 원고의 간단한 기획의도와 개요, 연락처 등과 함께 보내주시면 최대한 빨리 검토한 후에 연락드리겠습니다. 머뭇거리지 마시고 언제라도 메이트북스의 문을 두드리시면 반갑게 맞이하겠습니다.

■ 메이트북스 SNS는 보물창고입니다

메이트북스 홈페이지 www.matebooks.co.kr

책에 대한 칼럼 및 신간정보, 베스트셀러 및 스테디셀러 정보뿐만 아니라 저자의 인터뷰 및 책 소개 동영상을 보실 수 있습니다.

메이트북스 유튜브 bit.ly/2qXrcUb

활발하게 업로드되는 저자의 인터뷰, 책 소개 동영상을 통해 책에서는 접할 수 없었던 입체적인 정보들을 경험하실 수 있습니다.

메이트북스 블로그 blog.naver.com/1n1media

1분 전문가 칼럼, 화제의 책, 화제의 동영상 등 독자 여러분을 위해 다양한 콘텐츠를 매일 올리고 있습니다.

메이트북스 네이버 포스트 post.naver.com/1n1media

도서 내용을 재구성해 만든 블로그형, 카드뉴스형 포스트를 통해 유익하고 통찰력 있는 정보들을 경험하실 수 있습니다.

STEP 1. 네이버 검색창 옆의 카메라 모양 아이콘을 누르세요. STEP 2. 스마트렌즈를 통해 각 QR코드를 스캔하시면 됩니다. STEP 3. 팝업창을 누르시면 메이트북스의 SNS가 나옵니다.